ドイツでは
そんなに働かない

隅田 貫

角川新書

はじめに――なぜ今、「ドイツに学ぶ」と良いのか

私は1985年から通算20年にわたり、ドイツで暮らし、ドイツ人と共に働いてきました。

ドイツはある意味で、日本ととても〝近い〟国です。地理的な距離は約1万キロもありますが、国土面積はほぼ同じで、GDPでも日本が世界3位、ドイツが4位と、隣同士であることが多いのです。

それだけではありません。どちらの国も第2次世界大戦後、敗戦国として、いわゆる焼け野原の状態からスタートしました。必死の努力で経済復興を遂げたことも、また、それ以降には、「つねに自国通貨が強かったために、経済を質的に向上させなければならなかった」ということまで同じです。

しかし、もちろん「違い」もあります。私がドイツにいた20年の間には特に、日本とドイツの違いは大きくなっていました。ドイツという国の力が、強くなったのです。

それは、両国の調査データからも見て取れます。

たとえば、「生産性」に関する指標の一つを参照してみましょう。ＯＥＣＤ（経済協力開発機構）の調べによると、ドイツの労働時間1時間当たりで見た労働生産性は66・36ドル、日本は46・78ドル（２０１９年／OECD Data より）です。これだけを見て一概になにかを言うことはできませんが、単純に数字を比較すれば、ドイツは日本の１・４倍以上の生産性があることがわかります。

また、１人当たり年間労働時間を比較してみると、日本が１６８０時間に対して、ドイツは１３６３時間（２０１８年／『データブック国際労働比較２０１９』より）です。

そんなドイツ人は、どのような働き方をしているのでしょうか？ 象徴的な例として挙げるとすれば、次のようになります。

・休暇は年に5～6週間分は取る
・日々の残業は限定的
・毎日、やるべき仕事を終わらせるとすぐに帰宅し、夕飯を家族で囲む……

どうしてこれだけ余裕のある生活を送り、日本人より労働時間が大幅に少ない働き方をしているのに、一定の成果を出せるのか。

国が産業の国際競争力を戦略的に育てているという前提はありますが、その上で国民1人ひとりに、日本と比べてはるかに「柔軟性」がある、ということが理由として挙げられます。これは、ドイツ人へある種のイメージを持っていた人にとっては意外に感じられるかもしれませんが、言葉を替えれば「良い加減」、もっと言うと「完璧《かんぺき》を求めない」（割り切っている）とも言える態度を持っているのです。

たとえば、電車が時間どおり動くのは〝当然〟ではない。郵便配達が時間通りにくるのも〝当然〟ではない。そのように考えるために、ムリとムダが日本に比べてはるかに少なくなっているように感じます。

具体的には本論で紹介しますが、要は「いつも100点を目指す」のではなく、「場合によっては70点でも良い」――そのメリハリこそが、効率化につながる。私のドイツにおける経験をもとに、簡潔に結論めいたものを言うとしたら、これが、ドイツが日本に比べて生産性が高い（投入労働時間が少ない）理由とも言えます。

振り返ると2016年に日本では、政府が「働き方改革」を経済対策の一つとして掲げて、にわかに働き方を見直す議論があちこちで起こりました。

「ノー残業デーをつくる」「20時になったら社内を強制的に消灯する」「テレワークを増やす」といった取り組みをしている企業もありました。一定の効果はあったと思いますが、こうした、言ってみれば「トップダウン式の方法」を積み重ねること以外に、「ボトムアップ式」で私たち個人が実践できることこそが重要ではないでしょうか。

日本人がドイツの働き方を参考にするとしたら、もっとも注目すべきは、個人個人が持っている意識の部分でしょう。

とはいえ、本書では〝比較文化論〟を展開するわけではありませんし、単にドイツ礼賛をするつもりもありません。

あくまで私の知識や経験に基づき、ドイツの企業の中から見た「生産性の高いドイツの働き方・会社」のリアルをお伝えします。私は3回にわたるドイツ・フランクフルト勤務を経て、2005年にはドイツ老舗《しにせ》プライベートバンクであるメッツラー・グループのフランクフルト本社に、初めての日本人社員として入社しました。ドイツ人とともに働くなかで、多くの気づきと、刺激を受けたことはかけがえのない糧となっています。そうした実体験のなかに、私たちがヒントにできることが必ずあると信じています。

本書は、２０１７年に『仕事の「生産性」はドイツ人に学べ』として刊行された単行本を加筆・再編集したものですが、加筆原稿執筆中の現時点では、新型コロナウィルス感染症の蔓延《まんえん》が始まってから1年以上が経ったところです。数年前とは社会経済を取り巻く環境が一変し、新しい働き方（リモートワーク）へ否応《いやおう》なく取り組まなければならない状況です。しかし改めて本書の内容を読み返すと、ドイツ流の働き方は、こうした危機的な時代状況においても大切にすべき、あるいはより重要性を増しているという思いを強くしています。

本書は、「個人の意識の持ち方」「コミュニケーションの取り方」「時間管理」「チーム・組織の考え方」「多様な生き方」について、それぞれ章を設けて紹介していますが、今回、新たに「コロナ時代の働き方」についての新章を加筆しました。

本書を通して働き方を見つめ直すことで、どのような時代においても、皆さんがご自身の人生を楽しむ一助になれば幸いです。

隅田　貫

目次

第3章 退社時刻を決める、優先順位を考える 【時間管理】 127

第4章 フラットな組織は「スピード」が速い【チーム】 163

第5章 まず「休む」、その後に「仕事」がある【生き方】 193

編集協力　大畠利恵
図版　ニッタプリントサービス

序章　生産性、日本とドイツで差がつく理由

「日本の1・4倍の生産性」はなぜ生まれるのか

近年、日本においては過重労働や過労死、ブラック企業などの問題が大きな注目を集めてきました。いまは、一時ほどは報道されることがなくなりましたが、根本的な解決ができているわけではないように思えます。

皆さんのまわりではいかがでしょうか。皆さんはいまの働き方、職場環境に満足していますか。

日本人は戦後、アメリカに追いつけ追い越せでひたすら働いてきました。

私が社会人になった1980年代でも、年間2000時間以上働くことは珍しくありませんでした。先輩方の働きに支えられ高度成長を謳歌《おうか》し、国が発展したのは間違いありません。

ところが、昨今、とりわけバブル崩壊後は長時間働いても国が思ったように成長できなくなっていきました。安定成長下の日本では、もはや「がむしゃらに長時間働いて、その分だけ成長する」という状況ではなくなっているのです。

そんな状況下で、日本では働き方改革が叫ばれはじめました。テレワーク、プレミアムフライデー、残業時間の規制、休暇取得の奨励……。いずれも生産性の向上を目的としています。言葉を替えれば、「生産性の向上なくして働き方改革の成功なし」ということでしょう。

最近は、残業に厳しい企業も増えてきています。ノー残業デーを設ける企業もあれば、20時以降の残業を禁止する企業もあります。ところが、「それによって生産性が上がった」という話はあまり聞きません。

大企業は残業を減らすために仕事をどんどん外注するようになったとも言います。それだと、しわ寄せが別のところに行くだけで、問題を根本的に解決しているとは言えないのです。

では、これからの日本において、真に「働き方を改革」する、あるいは生産性を高めるための鍵《かぎ》は何でしょうか。

私は通算約20年ドイツで暮らし、仕事をしてきました。

一流のビジネスパーソンと共に働き、また、ドイツ国民の中で生活し、自身の働き方にも大いに影響を受けるなどし……そうした経験を通じて、そのヒントをつかみました。

ＯＥＣＤ（経済協力開発機構）の２０１８年のデータによると、日本の１人当たり年間総実労働時間は１６８０時間。ドイツは１３６３時間で、３１７時間も日本より少なくなっています。１日８時間労働で換算すると、日本は１年で約40日間もドイツより多く働いていることになるのです。

ただ、１６８０時間は年間平均休暇日数を１２０日で計算した場合（１６８０時間÷２４５日＝６・86時間／日）、１日平均７時間弱の労働ということになりますので、「１６８０時間」にはサービス残業の時間が含まれていないことにも注意が必要です。実際には、３０００時間を超える人も多いと言われています。

さらに、「国内総生産（ＧＤＰ）」は、日本は3位でドイツは4位ですが、「１人当たり名目国内総生産（ＧＤＰ）」になると、世界の中で日本は24位、ドイツは10位と順位が逆転します（２０１９年／OECD Data）。つまり、日本はドイツより長時間労働をして、ドイツより１人当たりが生み出すＧＤＰは低いのです……。

数字で見る「ドイツ」と「日本」

	ドイツ	日本
国土面積 (平方キロメートル)2018	357,582	377,974
人口 (百万人)2019	83.5	126.1
GDP (百万ドル)2019	3,861,124	5,081,770
1人当たりGDP (ドル)2019	55,891	42,386
1時間当たり労働生産性 (ドル)2019	66.36	46.78
1人当たり年間総実労働時間 (時間)2018	1,363	1,680
年間休日数 (日)2016	141	138.2
労働力人口 (千人)2018	43,382	68,300

出典：『世界の統計 2020』(総務省統計局)、『THE WORLD BANK Data』、『OECD Data』、『データブック国際労働比較 2019』(独立行政法人労働政策研究・研修機構)から作成

日本とドイツの違いはどこにあるのか――常に考えてきましたが、働くということに対する考え方や、生活の姿勢がもっとも大きな違いだと感じています。労働時間の問題や、生産性向上が国民共通の課題になっているいま、ドイツを参考にすることは決してムダにはならないと思います。

月～金曜日は日本語で「平日」、ドイツ語では「働く日」

ドイツと日本は意外と共通点があります。ドイツも日本も同じ敗戦国ですし、敗戦後は工業立国として発展してきました。両国ともモノづくりが得意なのです。ドイツがEUで一人勝ちしてきた理由の一つは、モノづくりのクオリティを追求してきたことです。

世界的に安全性が信頼されている車は、日本車か、ドイツのベンツやフォルクスワーゲン、BMWやアウディです。ライカもドイツ生まれのカメラメーカーですし、家電のミーレは日本でも人気があり、特に掃除機は日本製以上に丈夫で長持ちすると評判です。包丁のヘンケルスも日本でファンが多いでしょう。ドイツ製品は質実剛健というイメージがあります。

ドイツは往々にして自国通貨マルクが強かったのですが、そのもとで国際競争に打ち勝つにはどうするかを考えたとき、製品の質を向上させることに注力せざるを得なかったのです。その結果として強力な経済力をもった国を築くことができました。

日本もドイツに劣らず産業立国です。戦後ともに奇跡の経済復興を遂げました。その後、強い自国通貨のもとで質の向上に努め、国際競争力を養ってきた点でドイツと同様です。

それなのに、どうして今日の違いが生まれているのでしょうか。

ドイツ日本研究所のヴァルデンベルガー博士は、日本とドイツの違いについて、次のように語っていました。

「ドイツと日本は、国民をどう捉《とら》えるかの考え方が違います。ドイツは国民をどちらかといえば労働者だと捉えて、労働者の権利に重きを置いてきました。日本は消費者だと捉えて、消費者の権利を重視していると思います」

ドイツでは労働者の権利を重視するために休日を充実させ、1日に働く時間も厳格に決め、徹底的に労働者が働きやすい国をつくりあげてきました。

ところが、日本では消費者としての権利を重んじたので、「お客様は神様」という意識が強くなったのではないでしょうか。〝神様〟のためにコンビニは24時間オープンし、土日に休む店などもってのほか、ネットで注文したら商品が翌日に届くのは当たり前という風潮にもなっています。

ちなみに、「お客様は神様」という意識が強くなったのは歌手の故三波春夫《みなみはるお》氏がこの言葉を広めたからだと言われています。ただ、当の本人は、「お客様を神様だと思って完璧《かんぺき》な芸を見せなくてはならない」と考えていたそうなので、本人の意図とは違う伝わり方をしたようです。

日本では、〝神様〟のためにいい製品・いいサービスを少しでも安く提供するのが「当たり前」という考え方が根強く、サービスを提供する人々のストレスの原因にもなっています。

また、ドイツでは、労働観が日本と違うように感じます。

日本人の誰でも知っているアルバイト（Arbeit）という言葉はドイツ語ですが、本当の意味は「労働」です。アルバイトはゲルマン語の arba が語源で、家来、奴隷といった意味になります。つまり、ドイツの労働には「苦役」というニュアンスが含まれているのです。

ドイツ語では月～金曜日を「Arbeitstag」もしくは「Werktag」と言い、意味は「働く日」になります。キリスト教圏なので、週末は安息日です。安息日には一切の労働をせず、お店も開いていません。安息日に苦役はしません。

日本では、月～金曜日は「平日」であり、言ってみれば普段の日。休日のほうが「特別な日」というイメージがあります。よく「週休2日」という言い方をしますね。つまり、働く日が普通の日であり、週何日休めるか、ということにフォーカスしています。したがって、休日は特別な存在です。

一方ドイツでは一般に「週休2日」とは言わず、あえて言うなら「Fünftagewoche」、日本語に訳せば「週5日労働」というニュアンスになります。つまり、働くことがある意味特別であり、週の中にどれくらいその特別な日があるかという点に着目しているのです。

日本では労働は尊いものという道徳観があり、勤勉は美徳と考えられています。「働かざる者食うべからず」ということわざもあるぐらい、働くことは重視されているのです。

もし日本で「働くのは苦役だ」と経営者に言ったら、「だったら辞めれば？　イヤイヤ働かなくていいよ。うちは前向きに働いてくれる人が欲しいのだ」と言われてしまうかもしれません。ドイツだったら、働くのが辛《つら》くなったら躊躇《ちゅうちょ》せずに次の仕事を探す人が多いと思います。無理して現職に留まろうとはしません。

読者の多くの方々、特にシニア世代の方々は、学生時代のアルバイトをあくまで空いている時間に行い、もっぱら学業や遊びを優先していたことはありませんか。労働が人生のすべてではないという生き方もありますよね。

とはいえ、ドイツ人も決していいかげんに働いているわけではありません。

私が20年間ドイツ人と一緒に働いてきた実感として、「ドイツ人は働きすぎない」人種だと感じています。基本的に自分のアサインメント（割り当てられた仕事）を遂行することには勤勉です。しかし、それ以上のことはあえて無理にしません。

私はフランクフルトのメッツラー本社に入社した初日に、ドイツ式の働き方の洗礼を受けました。

社員がそろったのは朝9時前後で、9時を過ぎてから出勤してくる社員がいても、誰も咎《とが》めません。そのうえ、9時を過ぎていてものんびりとコーヒーを淹《い》れたり、同僚と雑談を交わしたりしてから仕事を始めるのです。

そして、18時を過ぎたら、みんなさっさと「また明日」と帰って行きます。まれに残業する人がいても19時半ごろにはオフィスは空っぽになっていました。

日本だったら、新人は就業時間の30分前には来て掃除をしたり、お茶の用意をするのが普通です。ベテラン社員でも10分前には出勤して、9時には仕事を始められるように準備を整えるでしょう。9時ピッタリに出社する新人はいません。

さらに、自分の仕事が終わっても、周りが仕事をしていたら帰りづらい雰囲気がある。いまは少なくなったかもしれませんが、新人が「お先に失礼します」と帰ろうものなら、「お前なあ、社会人とはそういうものじゃないんだよ」と言われることもそう珍しいことではないでしょう。

でも、毎日遅い時間まで残業して働いていたら、疲れて生産性が上がらないのではないでしょうか。

「労働効率」を重視するドイツ人

ドイツでは、日曜・祝日は会社だけではなくスーパーやデパート、レストラン、薬局などもすべて休みです。ドイツに来る日本人は、「レストランは開いていなくても、スーパーの一軒ぐらいは開いているだろう」と考えていたら、本当にすべての店が閉まっていて途方に暮れた、という体験を必ずしています。

その代わり、土曜日は営業しているので、買い物をする人が街にあふれています。それが日曜日になると閑散とした街になるので、その落差に最初は驚いたものです。

ドイツでは閉店法というユニークな法律があります。その法律では日曜と祝日は営業してはいけないことになっています。

閉店法は戦後の1957年に施行されましたが、改正を経て、1996年には「月～金は20時まで、土曜は16時まで」と営業時間が決められました。それからも段階的に改正され、今では24時まで営業しているスーパーも一部ありますし、空港や駅の売店、ガソリンスタンドなどは決められた日時以外でも営業していいことになっています。ただし、24時間営業のコンビニはお目にかかりません。

日本人から見たら、「日曜日は店にとっても稼ぎ時なのに、休むなんてもったいない」「深夜にもニーズはあるのでは」と思うでしょう。

日本では、24時以降を場合によっては25時、26時と言ったりしますが、これはどうやら日本独特の表現のようです。日本に来た外国人はこの表記を見て、「一体どういうことだ!?」と混乱すると言います。

365日、24時間営業して生産性は果たして上がったでしょうか。本当は必要ではないのに働いていることが少なくないのではないでしょうか。

日本のある牛丼チェーン店が深夜に従業員一人だけで対応させ、強盗に狙われたり、激務で逃げ出す従業員が続出して、結局店が回らなくなった例もあります。店の評判もガタ落ちしたので、利益を出すどころか企業にとって大打撃になったでしょう。無理な営業は生産性を奪うことにもなりかねません。

とはいえ、本当はやらなくてもいいのにやってしまう、というケースは、皆さんにも経験があるのではないでしょうか。

たとえば、今日は10の作業をすることが決まっていた。

ところが、夕方になって上司から突然、「ごめん、明日の会議に必要な資料を、至急つくってもらえるかな」などと言われ、作業が増えてしまう。

こういう場合、日本人は10の仕事に、その緊急の仕事を加えます。場合によっては、大残業して仕事を片付けます。責任感のなせるわざと言えますが、ときとしてワーク・ライフ・バランスの「ワーク」に重きを置きすぎていないでしょうか。

ドイツ人はどうでしょうか。

私の経験では、当日予定していた仕事の優先順位を見極めて、優先順位の比較的低い仕事は極力、翌日以降に回すよう力を尽くします。もちろん、どうしてもできなければ残業もいといません。とはいえ、大半の場合はなんとかなっていたように思えます。

つまり、ドイツ人は堂々と先送りするのです。それは、自分のプライベートを犠牲にするという発想をあまり持っていないからでしょう。ドイツ人は言ってみればライフを優先させる「ライフ・ワーク・バランス」という考え方なのです。

「先送りしたら明日以降の作業が増えるだけだから、もっと大変になる」と思うかもしれません。そうやって、毎日尽きない仕事と格闘している人も少なくないでしょう。そのような人にとっても、量的な削減をしながら日々の働き方にメリハリをつけるドイツ流の

「先送り」の考え方はヒントになるはずです。

さらに言えばドイツでは、夕方になって緊急の仕事が発生するところに問題があるのかもしれないと、それを防ぐ仕組みを考えるかもしれません。働く時間を増やすのではなく、労働効率を上げる方法を考えるのです。ドイツ人の同僚が手際よく、優先順位の変更を行って柔軟に仕事をしていた様子が今も目に浮かびます。

Eメールが当然のツールとなった今日、メールは時間と場所を選ばず飛んできます。日本では休日でもメールへの対応を迫られることも少なくありません。

ドイツの有名企業・フォルクスワーゲンでは一般社員に社用のスマートフォンを渡していても、就業時間外はサーバーを停止してメールチェックをできない仕組みにしているそうです。ダイムラーでは、社員が休暇中に受けたメールは自動的に削除していると言います。

やはり、「しない仕組み」を徹底してつくるのがドイツなのです。

それだと翌日に対応しなければならないので、トラブルが起きた時は却《かえ》って問題が大きくなるように思われるかもしれません。しかし、実際には大した問題が起きていないから、フォルクスワーゲンでもその仕組みを継続しているのです。

結局のところ、「どうしても今すぐに対応しなければならない案件」は、実際にはそれほどないのではないでしょうか。人の生死が関わっているのならともかく、そうでない案件は、翌朝の対応で十分なのです。

自分の許容量を超える仕事を任されても、頑張ってこなしてしまうから、日本は抜本的な改革に至らないように感じます。しかし、1人でできる仕事量には限界があります。労働時間を増やすのではなく、効率を上げる方法を考えるほうが、よほど建設的ではないでしょうか。

「人は人、自分は自分」という考え方

私が80年代にドイツに赴任したばかりの頃のことです。

当時の私は、東京銀行のドイツ支社に出向していたので、日本の銀行と同じく長時間働いていました。連日早朝から深夜まで働くことも珍しくありませんでした。

ある朝、コーヒーサーバー専門の女性が真っ黒に日焼けして、「おはよう。コーヒーど

うぞ」と底抜けの笑顔でコーヒーを渡してくれたのです。日焼けしている理由を尋ねると、「休暇でバカンスを楽しんできたのよ」と楽しそうに答えました。

彼女のその様子を見て、「自分は何をやっているんだろう」と空しくなりました。

そのころのドイツでは、オフィスにコーヒーを配りに来るコーヒーサーバーを職業とする人たちがいて、たいていは移民の方でした。その人たちの仕事はコーヒーを配ることだったので、朝の1時間ぐらいで終わります。その後は別のオフィスに移動して配っているのかもしれませんが、決して高い賃金の仕事ではないでしょう。

それでもときに3週間の休暇を取って、海辺でのんびりバカンスを楽しめるのです。彼女は毎日、笑顔で社員と談笑しながら、楽しそうにコーヒーを配っていました。

一方、日本と同じで長期休暇は盆暮れとゴールデンウィークに取るくらいで、まさに「24時間戦えますか」という状態で働きづめだった私。朝から笑顔になれる元気はありません。

自分のほうが処遇が恵まれていると思っていたのに、彼女のほうがはるかに幸せな人生を送っているように感じました。

この違いは何だろう、とそのときから私はドイツという国とその国民に興味を抱くようになりました。

英語ではよく「アナザープラネット」という表現をします。ドイツ語でも「Sie lebt in ihrer eigenen Welt」（彼女は自分だけの世界に入り込んでいる）という表現をします。「あの人は、別の惑星に住んでいる」という意味で使うのですが、必ずしも相手を軽視する表現ではなく、「あの人と自分は考え方が違う」という意味合いでも使う言葉です。

ドイツは日本に比べれば階級社会ですが、「人は人、自分は自分」という意識が強いので、それぞれの階層の人が自分の人生に誇りを持って生きているように感じます。コーヒーを配るだけの仕事であっても、堂々としています。

また、たとえば安いカフェで最悪なサービスを受けたとしても、料金に見合ったサービスを受けているだけだと割り切り、客は誰も文句を言いません。丁寧なサービスを受けたいのなら、高級レストランに行くべきなのです。

日本ではどうでしょうか。「人は人、自分は自分」と考えられるようになれば、人からどう思われようと気にならなくなります。同時に、どんな人のことも受け入れられるようになるでしょう。

さらに、メッツラー社に入って驚いたのは、みな言葉がバラバラなこと。ドイツには標準語がないので、住んでいる地域によって方言がまったく違います。

日本のドイツ語のスクールでは一応標準語と思《おぼ》しきドイツ語を教えていますが、その言葉が通用するのはハノーファーの周辺地域ぐらいで、首都のベルリンでも方言があるのです。日本で言うなら、北海道弁と沖縄方言と関西《かんさい》弁と名古屋《なごや》弁が同時に飛び交うような感じなので、入社したばかりのころは、会議で何を話しているのかさっぱりわかりませんでした。

日本の場合、どんな地方に住んでいる人でも、東京に出てきたら標準語になっていきます。本人が方言を恥ずかしがって必死に標準語に変える場合もあれば、サービス業などでは強制的に標準語に直させたりします。

一方、ドイツ人にはそもそも標準語という概念がありません。

標準語への意識の持ち方を見ると、日本はアナザープラネットという考えができず、自分と同じ星に住んでいる人しか認められないのかもしれません。それが社会に閉塞《へいそく》感を生んでいるように感じます。

日本では世間体を気にする傾向がありますが、それは「人は人、自分は自分」ではなく、世間の判断基準に自分を合わせるということになります。つまり、自分軸を持たず、いかに人と同じであるかを考えるのです。

その傾向が強くなると、「同調圧力」が生まれます。

右へならえと言われたら、みんなで右に合わせないといけない。みんなが残業をしているのなら、自分だけが定時で上がるわけにはいかないという空気も、同調圧力から生まれます。

もし、皆さんが他人の人生ではなく、自分の人生を生きたいと考えているのなら、同調圧力から抜け出すのがその第一歩です。ドイツ人の生き方はそのための参考になります。働くことを考えることは、「自分の人生」を考えることになります。生産性を上げて自分の時間を確保できれば、人生をより大切にできるのではないでしょうか。

次章以降で、「自分の人生」を生きるための６つのヒントをご紹介します。

第1章

「自立・独立の考え方」が生産性に直結【意識】

ドイツの駅ではなぜ「アナウンスが少ない」のか

私がドイツで初めて駅を利用したときのことです。

驚いたのは、日本で20年以上慣れ親しんだ改札がないこと。歩いていたらいきなりホームに入ってしまいます。「どこかに改札があるのでは？」と辺りを見回しても、それらしきものはありません。

代わりに、電車の中で乗客の切符を抜き打ちでチェックする「コントローラー」と呼ばれる人たちがいるのです。自動改札ではなく、人が切符を確認するという人海戦術なのです。コントローラーは2～3人で行動しています。路線によっては制服ではなく普段着の格好をしているので、コントローラーだと気づかないこともありました。

日本なら、万が一切符を買っていなかったとしても、行先までの料金をそこで払えば免除してもらえます。ところが、ドイツはどんな理由であっても、切符を持っていなければ問答無用で、場合によって日本円にして8000円（60ユーロ）ぐらいの罰金を払わなければなりません。

改札のような大掛かりな設備をつくるのではなく、別の仕組みで切符のチェックを効率化しているのです。

さらに、電車がホームに滑り込んできたときに、やけに静かなことに気づきました。日本なら、「足元の白線の内側までお下がりください」「発車サイン音が鳴り終わりましたらドアが閉まります」のようなアナウンスが何回も流れます。そういったアナウンスがまったくないのです。

「ドアが閉まります。ご注意ください」のようなアナウンスもなし。乗り込んですぐにドアが閉まったので、「本当にこの電車で合っているのかな」と不安になりました。

ドイツの鉄道は、到着時刻が遅れるのは日常茶飯事です。むしろ定刻通りに電車が発車するほうが珍しいのでは、と思うくらいです。

もちろん、ドイツでも発車するホームが変更になったときなどは、アナウンスはあります。ただ、そのドイツ語は慣れないと大変聞き取りにくく、口調も機械的。しかも、ホーム変更くらいであれば英語でのアナウンスはまず聞くことがありません。ドイツでの生活が始まったばかりのころは、ずいぶん戸惑いました。気が付いたら、自分が乗るはずだった電車は発車した後だった、ということも度々です。

アナウンスがわからなければ、駅員に聞くしかありません。今でこそ駅員の多くは英語を話しますが、当時はまれだったので、いきなり拙いドイツ語で問いかけるのには勇気が要りました。自分から積極的に質問したり、問いかけたりすることの大切さを痛感したものです。何事も受け身では決して何も進みません。

整列乗車もドイツではあまりお目にかかりません。

日本のように、プラットフォームに人があふれんばかりという状況ではないからですが、要は乗車する人も降りる人も自然体で、乗降が円滑です。女性や子ども、高齢者を先に、という光景も多く見られました。「ルールに従って整然と」という印象はありませんが、良い意味でのいい加減さが自然体に見えるので、ストレスを感じたこともあまりありません。

さらにいえば、日本のように電車が停車位置ピッタリに止まることもあり得ない。外国人が日本に来て、電車が正確な位置に止まることに感動するそうですが、ドイツの雑さを体感するとそれがよくわかります。フランスでは、電車が止まる前にドアが開くこともあったぐらいです。ドアにもたれかかっていたら転がり落ちてしまいます。日本の鉄道は安全で、技術的にも本当に素晴らしいのです。

ところが、久しぶりに日本に帰って来て電車に乗ったとき、私は妙に気疲れしてしまいました。とにかく、日本の駅は騒がしい。ひっきりなしにアナウンスが流れて、電車に乗ってからもアナウンスが何度も流れます。そのうえ、ほんの2～3分遅れただけで、お詫《わ》びのアナウンスが繰り返されるのです。

さらに、駅構内や車内のあちこちに「ドア付近に立たずに真ん中に移動しましょう」「リュックを前に抱えましょう」とマナーの順守を促すポスターが貼ってあります。

私には、日本の電車や駅には、日本で感じる閉塞《へいそく》感の原因が凝縮されているように感じられました。

アナウンスを繰り返すのは、鉄道会社に「何かあったときに自分たちのせいにされたら困る」という考えもあるからでしょう。親切心というより、責任逃れの姿勢を感じます。

ドイツでは車内で電話をしていてもまず注意されませんし、座席に荷物をドカッと置いていても誰も怒りません。そこに座りたければ、そう伝えればすぐにどかしてくれます。

特急で指定席に勝手に座っていたら日本なら大顰蹙《ひんしゅく》ですが、ドイツでは切符を持っている人が来たらどく、ただそれだけです。

もちろん、ドイツにもマナーはありますが、マナーは法律ではないのでそもそも強制するものではありません。ドイツではマナーはあっても融通が利きますが、日本は従うように暗黙に強制するから、余計に窮屈に感じるのではないでしょうか。

結局のところ、日本では「ルールをつくること」自体が目的となってはいないでしょうか。つまり、ルールをつくれば、あとは守るだけ。守っていれば安心。

そのルールが現状に合致しているのか？ なぜこのルールなのか？ 変更・撤廃する必要はないのか？ といった議論に至ることが少ないように思えます。

ルールを守った時点である意味思考停止に陥ってはいないでしょうか。

たとえば駅のアナウンスはどこまで必要なのか。

まわりの人のマナー違反に目くじらを立てないといけないのか。

そのように疑問を持つところから、自分で考える習慣は身についていくのです。

まずは自分の意識を変えないと、働き方も生き方も変えられません。第1章では思考の枠の外し方をご紹介します。

「自分の人生」を生きる

私の働いていたドイツの会社（メッツラー社）には、さまざまな働き方をする同僚がいました。

フルタイム勤務の人もいれば、15時ぐらいには帰ってしまう人もいる。週休３日で働いている人もいれば、小さい子どもがいるからと在宅勤務でほとんど会社に顔を見せない人もいる。男性で育児休暇を取る人もいました。しかも、週休３日の女性はチームのリーダーです。

私はそういう環境で働くうちに、「仕事の回し方は一つではないのだな」と学びました。自分に与えられた仕事をこなし、成果につなげれば、働き方については相当柔軟に考えることができるのです。

日本ではまだまだ根付いていないことかもしれません。産休後に職場に復帰した女性が「保育園に子どもを迎えに行く時間だから」と連日早めに帰っていたら、まわりから白い目で見られるようになったという話をよく耳にします。たとえ職場に復帰する際に、16時で帰ると会社と合意していたとしても、周囲に気兼ねがあってなかなか思うに任せない状況もあると聞きます。これは、目に見えない同調圧力のせいではないでしょうか。

ドイツでは早く帰る人がいても、在宅勤務の人がいても、「あの人はずるい」という話にはまずなりません。会社にとって必要な人材であるなら、どのような働き方でも構わない。そして、優秀であるならどのような働き方をしていてもリーダーになれるのです。

日本も今後ますます活躍する女性は増えていくでしょうし、外国人の雇用も増えてグローバル化していくことになるでしょう。したがって、多様な働き方を受け入れる下地はできつつあるように思えます。

会社が働き方の多様性を認める仕組みをつくると同時に、働く人の意識が変わることで、はじめて多様な働き方を実現することができると考えています。

ドイツ人が多様な働き方を受け入れているのは、「人は人、自分は自分」という意識が強いからだと思います。それは自分の人生を生きているということでもあります。

自分の人生を第一に考えているから、働くことに対しても客観視ができている。問答無用で仕事を優先させるのではなく、「その仕事を本当に自分がすべきなのか」とまず考えてから決断するのです。

ドイツにおける「ライフ」は、生き方全般というより、家庭とイコールなのです。家族やパートナーとの時間を何よりも優先するので、先述したようにライフが先に来る「ライフ・ワーク・バランスだな」と感じていました。

ドイツ人にとっては子どもの学校の送り迎えや勉強を見てあげることを夫婦で分担するのは当然で、なおかつ夫婦二人の時間も大切にしています。ただし、ドイツは結婚に関しては慎重で、籍を入れないまま子どもをつくるカップルは珍しくありません。家族という言葉も広い意味になります。

それでも、私は日本人もライフ・ワーク・バランスにしようと思えばできるだろうと考えています。そのためには自分自身との対話が必要です。

登山家の南谷《みなみやま》真鈴《りん》さん（コロンビア大学在籍中）は日本人最年少（当時19歳）でエベレストの登頂に成功し、同じく日本人最年少で7大陸最高峰制覇を達成しています。彼女にとって登山は「瞑想《めいそう》に近いもの」であり、「自分と向き合える場所」だと当時のインタビュー（TABI LABO「7大陸最高峰を『日本人最年少』で制覇した女子大生、南谷真鈴さんってどんな人?」2016年8月11日)で語っています。また、「他人に変化を求めるのではなく、自分が変わることで成長していかないといけない」(同インタビュー)のだと気づかせてくれたのが山なのだそうです。

南谷さんのこの姿勢に学ぶところは大いにあります。

会社の仕組みや風土は容易には変えられませんし、周囲の評価も簡単には変えられないでしょう。変わるのを望んでいても、いつ変わるかわかりません。

さらにいうなら、同調圧力に屈したくなくても、周りにはある程度合わせていかないと社会人としてやっていけない部分もあります。それでも、心まで他人に支配されてはいけないのです。

たとえば自分だけでも時短勤務の人をフォローしてあげる、理解してあげるというだけでも大きな変化です。残業も5回に1回は断るなどして、自分の時間を優先する方法もあるでしょう。

そんな小さな変化からライフ・ワーク・バランスを実現できるのかもしれません。そうやって自分を進化させていけるのであれば、人生は捨てたものではないと思います。

「自立・独立」の強い意識が生産性に直結

私がメッツラー社に入社して程なく、当主である11代目のフリードリッヒ・フォン・メッツラー氏に初めて挨拶《あいさつ》に行きました。

ドイツで３３０年以上（当時）も続くプライベートバンクの創業者一族です。きっと広い部屋に高級そうな絨毯《じゅうたん》が敷き詰められ、天井からはシャンデリアが下がり、大きなソファセットなどのインテリアも高価なものばかりなのだろう……そう思っていた私は、部屋に一歩足を踏み入れた途端、拍子抜けしました。

普通の会社の小さな会議室並みの広さの部屋で、秘書の机もそこにありました。絨毯は敷かれておらず、デスクや本棚のほかは客を迎えるソファセットがあるだけ。どれもシンプルで使いこんであり、とても老舗《しにせ》企業のトップが使っているとは思えない簡素な執務室だったのです。余計なところにはお金を使わないドイツ人らしいな、と感じました。

入社した挨拶をすると、彼は次のように言いました。

「われわれにとって大切なことは、あくまで独立性です。どこからも買収されないし、どこも買収しない。会社が誰のものかという議論は気にしなくてよい。安心して、顧客のために良いと思うことがあれば、すぐに行動してください」

そこで私が「わかりました。さっそく明日から今のことを肝に銘じて頑張ります」と答えると、当主はちょっと意外そうな表情をして、「なぜ、『今日から』と言ってもらえないのでしょうか」と言いました。私は「わかりました、今日から頑張ります」と慌てて言い直しました。

何百年も続く伝統のある銀行であっても、変えることに躊躇《ちゅうちょ》しないのです。もちろん守るべき伝統もありますが、時代に合わせて変えなければいけないものは変える。そういうカルチャーは日本ではなかなかないかもしれないと感じました。

私がメッツラー社から学んだことの一つは、「現場の自由度」の高さです。

日本の会社に勤務していたときは、自分一人の裁量で判断できることにはかなりの制限があり、上司を含め、関係の本部等に〝逐次〟と言っても過言ではないほど報告・連絡・相談（ほう・れん・そう）を求められました。その結果、結論・判断が示されるまで相当な時間が必要になることも少なくありませんでした。

そのような環境から、メッツラー社に入社した途端、自分でかなりの部分を決断できる状況に変わりました。

最初はプレッシャーも感じましたし、躊躇しました。しかし、徐々に慣れていくと「こんなに仕事をやりやすい環境はないな」と思うようになったのです。

同僚は上司が不在だったときに、「今日は俺が判断するよ」と言い、実際に顧客から連絡が来たときも、「それはこうしましょう」と話を進めていました。日本だったら、「今日は上司が不在なので、相談をして明日以降にご連絡いたします」と伝えることが多い場面です。

翌日出社した上司は、同僚の進めた案件について報告を受けても、何も言いませんでした。これも日本ではあり得ません。たとえ部下の進め方が正しかったとしても、「何で俺に何の相談もなく話を進めたんだ！」と上司は怒り心頭に発するでしょう。

それは結局、責任を負うのを避けているのかもしれません。何かトラブルが起きたときに責任を取らされたくないから、自分が関知しないところで行動されたら困ると考えるのでしょう。

日本では仕事を管理するつもりが、人を必要以上に管理することになっているのかもしれません。

管理の典型例が、「ノルマ」の設定です。私のいたドイツの会社でも、ノルマというか、計数目標は当然あります。ただ、計数目標だけでいたずらに社員を追い込む光景は見たことがありません。

日本の企業に勤務していたころは、目標設定→業務遂行→定期的な進捗状況確認→状況把握、分析、反省→対応協議、遂行→定期的な進捗状況確認→……といったサイクルで、常に計数目標の達成状況がチェックされ、状況によっては「叱咤《しった》激励」が飛ぶことも珍しくありませんでした。

メッツラー社に入社してしばらくしたとき、尊敬するドイツ人の上司（私を採用してくれた方）に思い切って質問しました。

「目標管理がすこし緩いのではありませんか。もっと定期的に進捗をチェックしていかないと、目標必達は難しいのではありませんか？」

そのときの上司の答えは、今でも忘れられません。

「スミタさん、あなたの言われることはよくわかります。私も日本で10年近く仕事をした経験がありますから。私の地位、立場からすれば、そのようなことはいとも簡単です。今からでも、すぐにできます。でも、私はそのような圧力をかけたり管理をしたりは決してしません。なぜなら、たちまち『できない理由』が数えきれないほど上がってくるだけだからです。私が知りたいのは、どのように前に進むかであって、前に進めない理由ではありません。そのような圧力では社員の士気は上がりません」

目から鱗《うろこ》が落ちる思いでした。

確かに会社の規模や経営実態に応じて、目標管理や社員の士気向上への方策はさまざまです。ただ、私は「北風政策」ではなく「太陽政策」で社員の士気向上を図る上司の考え方に心の底から共感し、意欲を新たにしました。

部下に考えさせ、リードをとった行動を促す。いちいち報告を求めない。

自主性を重んじるこうした環境は、生産性を上げるにはとても大切な点です。

実際、私の上司は〝超〟のつく多忙な日々を送っていました。フェイス・トゥ・フェイスで直接話をする機会など1カ月に2~3度あればよいほうです。でもお互いの信頼があれば、まったく問題ありません。メールもあります。意思疎通は十分可能です。そのため、報告・連絡・相談(ほう・れん・そう)は、日本の会社時代から比べると極端に減りました。それでも十分ビジネスは進みます。

とはいっても、私も入社当初は、かなりこまめに報告・連絡を行っていましたし、行き過ぎとも思える頻度で、判断を仰いでいました。

あるときは、どうしても判断を仰ぎたい、でも頼みの上司は国外出張での超多忙スケジュールの中でメールの返信も来ない、電話にも出てもらえない——という状況がありました。その日は金曜日だったのですが、翌週の月曜日（日本時間）に現地法人宛てに判断を示さなくてはならなかったのです。上司は土曜日に出張からドイツに戻る。週明けの月曜日に上司に話して……というのでは、時差の関係で間に合わない。しかも上司が月曜朝一番でつかまる保証はない。

この「ない、ない」尽くしの中、ついに意を決して、土曜日の午後に上司の自宅にメールの写しを封筒に入れて投函《とうかん》して、さらに電話をして「とにかく読んでください！」と迫った覚えがあります。結局その土曜日の夜、上司が出張の疲れも見せず、笑って電話をしてきてくれました。どれほど救われたことでしょう。

いま思えば、そのときの案件は、自分で判断できる内容でした。要は上司のお墨付きが欲しかっただけなのです……。当時の自分の器の小ささに、猛省するばかりです。

自主性が育てば、ムリ・ムダな労働時間がなくなり、生産性も上がります。

もちろん、部下の自主性を育てるには、「ただ、任せておく」だけではことは前に進みません。

部下の不安にも寄り添いながら、距離を上手《うま》くとることではじめて、自主性が育まれ、士気向上、そして生産性向上へつながります。

脱・同調圧力のススメ

スポーツ、ビジネスを問わず、欧米人は個人プレーが得意、日本はチームプレーが得意と一般に言われます。

ドイツはワールドカップで優勝するぐらいサッカーは強い国ですが、彼らは勝つことでチームワークをつくっていく部分があります。一方で、日本はまずチームワークをつくってから戦いに挑みます。これは面白い違いです。

海外のチームは反則すれすれのプレーをしてでも勝ちに行きます。卑怯《ひきょう》な勝ち方がいいとは決して思いませんが、勝つことを最優先に考え、徹底的にこだわります。それを理解しておかないと、スポーツにおいてもビジネスにおいても、海外には対抗できないのではないでしょうか。

日本ではチームプレーを大切にするあまりなのか、ゴール前の、自分でリスクを負ってシュートできる場面でも、大事をとって味方にパスをしてしまうようなことがあります。「シュートを打ってしまえばいいのに」とファンが思ってしまう場面です。

もちろんピッチ上の選手は必死です。弱気にプレーをしている選手など1人もいません。それでも、果敢にゴールを狙うばかりでなく、時にパスを重んじ過ぎると思える場面があるのです。

ドイツのプロのサッカーチームでプレーする日本人選手から、次のような話を聞いたことがあります。

「日本にいたときは、味方のことを考えてパスを出すことに重点が置かれていましたが、ドイツではパスはとにかく、相手（敵）の意表をついて、速く、そして『前へ！』ということを重視します。パスが出たあとは、担当ポジションの選手の仕事です」

私にも、「なるほど」と思い当たることがありました。

私は高校生時代に野球をやっていました。練習の最初は、キャッチボールです。その際に、「相手の胸をめがけて、相手が取りやすいところを狙ってボールを投げろ」と習いました。

もちろん野球の基本はキャッチボールであると今でも信じています。ただ、キャッチボール練習の目的が、「正しいフォームで狙ったところに投げるコントロールを養成すること」であるということをあまり深く認識せず、「相手の取りやすいところに投げること」に集中しがちであったように思います。

本来であれば、こうして基礎を養ったら、実戦においては「相手の取りやすいところに投げること」は決して優先順位の高いことではなくなります。

言ってみれば、ショートポジションの選手は打者のゴロを素早く、１塁手に投げることが目的であり、彼の取りやすいところに投げることが目的ではありません。乱暴に言ってしまえば、よほどの悪送球でもないかぎり、どんなことをしてでも捕球するのが１塁手の仕事です。

相手のことを慮《おもんぱか》ることはとても素晴らしいことです。特に日本人の美徳と言っても過言ではありません。ただ、昨今の〝忖度《そんたく》〟ではありませんが、行き過ぎた慮りは、往々にして目的を取り違え、行き過ぎた同調圧力につながり、個々人の士気やチームの生産性にも影響を与えてしまいます。そしてこれは、スポーツに限らず、ビジネスの世界でも同様のことが言えると思います。

私は、日本人は「協調」と「同調」を取り違えているのではないかと感じるときがあります。

『大辞林』（第三版）によると、「協調」とは「力を合わせて事をなすこと、利害の対立するものが、力を合わせて事にあたること」。「同調」とは「調子が同じであること、ある人の意見や態度に賛成し、同じ行動をとること」という意味です。

協調は大事ですが、同調はデメリットが大きくなります。

若い社員が企画を提案しても、「うちの会社には向いてないから」といった理由で拒んでばかりいたら、結局新しいチャレンジなどできません。みんなが無難で似通ったアイデアばかりを出すようになるでしょう。

さらに同調が強まれば、不正があっても見て見ぬふりをするリスクも出てきます。内部告発で不祥事が発覚する企業がありますが、同調圧力が強いために、不正会計や偽装を行っていても社内では誰も何も言えなくなっていたのかもしれません。

確かに昔に比べて日本の労働市場はかなり流動化しています。転職は日常茶飯事。中途採用から役員まで上りつめる方も出ています。とはいっても、一斉採用、入社年次の重みは容易に変わりようがありません。

内部昇格が大半を占める中では、どうしても同調圧力に染まりやすいのではないでしょうか。

別の企業で実績を上げてから会社のトップに起用され、会社を立て直すようなケースは日本ではまだまだ少数派です。外部から来た人が管理職になると長年勤めてきた人たちは反感を抱き、社内の雰囲気が最悪になるという話は珍しくありません。

ドイツに限らず、多くの国では最初に入った会社でキャリアを積んでいくというより、転職を重ねながらステップアップしていくのが普通です。出世欲は当然ありますが、今いる会社での内部昇格を目指すのではなく、自分をいち早く好条件で迎え入れてくれる会社を探す中で、昇格のステップを踏みたいと考えています。

だから同調せずに「自分は自分、人は人」というスタンスでいられるのです。

日本では出る杭《くい》は打たれますが、ドイツでは出ない杭は評価されません。日本以外の国では後者が普通でしょう。

みんなが出る杭になる必要はないので、出ない杭でいる生き方を選ぶのもありだと思います。ただ、自分を抑えて一生出ない杭でいて、本当に幸せになれるのでしょうか？

孔子《こうし》は論語で「君子は和して同ぜず、小人は同じて和せず」という言葉を残しています。この言葉は、「すぐれた人は協調はするが、むやみに同調したりしない。つまらない人物はやたらと同調するが協調はしない」という意味です。つまり、すぐれた人は他人の意見に耳を傾けても簡単には流されない、ということです。

皆さんは、君子と小人のどちらを目指しますか？

「同調」と「協調」は違う

同調と協調について、もう少しお話しします。

家族と一緒に1週間ぐらい休暇に出て、家に帰って来た時のことです。

1階の窓に何かが貼ってあるのに気付きました。見ると、「芝を刈りなさい」と付箋《ふせん》紙に書いて貼ってあったのです。隣人からのメッセージであることは明らかでした。私は荷ほどきするのもそこそこに、庭の芝を刈りました。

ドイツには中世の建物が多く残っており、街の雰囲気を保つために景観に関してはかなり細かい規制があります。住宅地でも、芝刈りと雪かきについては厳格です。庭には明確な垣根がなく、隣家とつながっていたので、一軒だけ手入れしていないと余計に目立つという事情もありました。そういう時は容赦なく、「芝を刈りなさい」と周囲から言われるのです。

ドイツの冬は大雪が降るので、あっという間に雪が積もります。

正月休みを日本で家族と共に過ごし、戻ってきたら、我が家だけ庭にもガレージにも雪がこんもりと積もっていました。車をガレージに入れるには、まず雪かきをしなければなりません。3~4時間かけて、汗だくになりながら雪かきをしました。

どこの家も毎日のように雪かきをしているので、朝5時に外から雪かきをする音が聞こえてくると、私も飛び起きて雪かきをし、塩をまきました。いえ、正直に言いますと、大半は妻が汗をかいてくれたのですが……。ドイツには植物を枯らさずに雪を溶かすための塩があり、それをまいておくと雪が固く凍るのを防げるのです。

ここまでドイツ人が雪かきに懸命になる理由は、景観の問題だけではありません。もし歩行者が自分の家の前で雪や氷で滑ってケガをしてしまったら、その家に住む人の責任になるからです。賠償請求されると困るので、みなせっせと早朝から雪かきに励みます。

日本だったら、気を利かせて隣人の家の前も掃き掃除をしますが、きっちりと自分の敷地しかきれいにしないのは、合理的なドイツ人らしいな、と感じました。そこでもアサインメント以外はしないという意識が働くのでしょう。

また、自宅で車を洗うときに洗剤を使うのは、土壌が汚染されるので禁止されています。これも環境を大事にするドイツならではのルールです。

こういう話を聞くと、ドイツで暮らすのは窮屈なように感じるかもしれません。

ただ、ドイツ人は同調圧力があるからルールに従っているのではなく、環境保護や街の景観を保つという目的があるから従っているのです。どちらかというと、常識に近い協調だと感じています。

同調圧力から抜け出すには、暗黙のルールに対して、「なぜ、それをするのか」とまわりに聞いてみるしかありません。たとえば、始業1時間前に全員そろって掃除をしなければならないというルールがあるなら、それが本当に必要なのかどうかを問うてみればいいのです。

「仕事だから当たり前」という理不尽な答えが返ってくるかもしれませんし、何も改善されないかもしれません。

それでも、何も疑問を持たずに闇雲に従うのは危険なことです。

「本当に必要か」「他に方法はないか」と常に疑問を持つことで、同調圧力に心まで飲みこまれずに済みます。

自分は「何を大切にすべきか」

前述のように、ドイツ人は何よりも家族を大事にします。

日本人もそうだとは思いますが、現実的には「仕事＞家族」となっている人が多いのではないでしょうか。

たとえば、ドイツのクリスマスの過ごし方は、日本とはまったく違います。11月末からクリスマス・マルクト（クリスマス・マーケット）があちこちで開催され、街はクリスマス一色になり、イルミネーションで彩られます。いつもは厳かな雰囲気が漂うドイツの街も、このときばかりはワクワクするような活気に満ちています。

ところが、12月23日になるとマーケットは終了。24日は祝日なのでほとんどの店は閉まり、街は静けさに包まれます。ドイツ人にとって、クリスマスは家族で祝う厳かな日なのです。それも、レストランで特別にディナーをするのではなく、各家庭でクリスマスのメニューを食べ、つつましやかに祝います。

日本のクリスマスのにぎわいに慣れきっていた私は、初めてドイツのクリスマスを体験したときは驚きました。

ドイツの祝日は復活祭や感謝祭のようにキリスト教に基づいたものが多いのですが、その日は家族で過ごすのが基本。祝日前は家族と過ごすために帰省ラッシュが起こるぐらいです。

普段も仕事が終わったらさっさと家に帰り、家族との団らんを楽しむのが一般的です。日本のように同僚や上司と飲みに行ったりすることはめったにありません。家族が生活の中心になっているのです。

独身の若者たちも、夜の街はほとんど遊ぶ場所がないので、日本のように夜通し遊ぶ人はほとんどいません。楽しめる場所がないともいえますが、家族の絆《きずな》が自然と深まる健全な環境になっているように感じます。

私が見ている限り、ドイツでは仕事の成果よりも自分の人生をどう生きるか、さらにいうなら家族との時間をどう過ごすのかに重きを置いています。だから急な仕事が入っても残業したくないからキッパリと断るのです。

日本では一切の残業を断っていたら、もしかしたら出世の道は断たれるかもしれません。むしろ、家族のために残業をしている人も多いでしょう。日本の男性も家族を大事にしていますが、その方法がドイツとは大きく異なっているのです。

最近の日本の若者は、「子どもと過ごせる時間は今しかないから」と残業が少ない仕事を選ぶ人もいると聞きます。

私はそういう選択は大いにすべきだと思います。

確かに、将来のポジションがなくなるのは不安になるでしょうし、残業代がなくなったら生活が厳しくなるかもしれません。であれば、会社は副業を認める方向で枠組みを調整すべきではないでしょうか。

今は日本企業でも副業解禁の動きがみられ、副業を試みる人、実際に行っている人も少なくありません。朝から晩まで一つの会社で働くことだけが選択肢ではありません。自分が何を大切にすべきか、改めて考えてみることは決して無駄ではないと思います。

ドイツでは10歳で進路を決める

そもそも、なぜドイツ人は自立心が高いのでしょうか。

それはやはり教育が影響しているのだと思います。

私の娘がインターナショナルスクールに通っていたころ、学校で「原発は是か非か」というディベートが行われることになりました。ちなみに、東日本大震災よりずっと前の話です。

当時の娘は13歳くらいで、中学生です。ドイツでは、学生のころから大人顔負けの難しい問題でディベートをしているのです。日本人の多くが海外におけるビジネス交渉を難しく感じるのは、こういった下地がないからでしょう。

実は、ドイツは10歳で自分の進路を概ね決めることになっています。これは世界的に見ても珍しいシステムです。

ドイツでは6歳になると小学校に進みます。義務教育を4年間みっちり受けたら、5年生になる段階で3つの選択肢から一つを選ぶことになります。

①大学進学を目指すギムナジウム
②専門大学進学を目指す実科学校
③職人や工員を目指す本科（基幹）学校

この3つのうち、どこの学校に行くのかを選ばなくてはならないのです。これはつまり、10歳で人生の選択をするのと等しいことになります。

それぞれの学校に修業する期間は異なり、ギムナジウムは19歳まで学びますが、実科学校は16歳、本科学校は15歳まで。つまり日本では高校に通うような時期に、ドイツの16歳や17歳は既に社会人としての人生をスタートさせているのです。

一応、子ども本人の希望を踏まえて進路を選んではいますが、10歳ですから限度があります。親や教師が学校の成績や性格、適性などをもとに選ぶのが実情です。とはいえ、本人の意思を考慮した多様な職業へのアプローチが評価されています。

一方、日本の教育システムは誰にでも平等にチャンスが与えられています。

高校のときは偏差値30台でも、猛勉強をして東大に合格したという成功談をよく聞きます。医学部に入学するまでに5～6年浪人生活を送るのも珍しくない話。自分の将来を決めるまでの時間はふんだんにあります。

ただし、行きたい学校は偏差値をもとに選ぶのが主流です。その学校でどうしても学びたいことがあるから、という理由で選ぶのはまだ少数派でしょう。

学生に人気のある就職先は相変わらず、メガバンクや航空会社、大手商社などの大企業です。みんなが同じ企業を目指すから、競争が激しくなる。そして正社員になれた人は人生の勝者のように扱われ、なれなかった人は敗者のように扱われます。

しかし、偏差値や、人気のある大企業を選ぶことは相対的な価値観であり、自分だけの絶対的な価値観ではありません。相対的な価値観でしか判断できないようになると、その先もずっと他者と比較しながら生きていくことになります。

果たして、それは幸せな生き方なのでしょうか？

コーヒーサーバーの女性のように自分がその生活に満足しているのなら、本当は幸せなはずです。

そもそも、日本の新卒一括採用は世界的に見ても特殊です。

新入社員はみな4月に入社して、研修などを経て社会人として育てられていきます。企業にとっては効率的なシステムですが、学業そっちのけで何十社もの面接を受けて疲弊する就活は、果たして学生のためになっているのか疑問です。

学生はこのシステムに乗っからないと正社員にはなれないので、自分が何をしたくて何に向いているのかわからないまま、社会人になります。実際に働いてみないと自分に向いているかどうかはわかりませんが、それならインターンシップを充実させれば補えるのではないでしょうか。

ドイツでは在学中に休学して3～6カ月程度、企業でインターンシップ研修を受ける学生は大勢います。数社で働いてみてから就職先を選ぶのは当たり前で、自分の適性を見極めてから就職するので、日本のように新卒社員が入社後3年以内に3割辞めるという事態にはなりません。会社の風土がわかってから入社するのも、離職を防ぐのに一役買っているでしょう。

ドイツ人の生産性が高いのは、こういった教育システムや企業への受け入れ制度も関係しているのではないかと感じています。職業や企業への適性を早い段階で見極めていることは、他方で「イヤイヤ仕事をする」「仕事にやりがいを感じない」という状況を少なくすることにもつながっているように思えます。

「自立心を育てる」教育の方法

ドイツでスーパーやデパートに出かけると、子どもたちがひじょうに礼儀正しいことに驚かされます。

日本の子どものように、「あれ買って〜」とダダをこねたり、勝手に商品を触ってしまうことがない。子どもが大声で泣いて、親が感情的に叱っている光景も見たことがありません。

「犬と子どもの教育はドイツ人に任せろ」ということわざがあるぐらい、ドイツはしつけに厳しいのです。ただし、体罰を加えたりはもちろんしません。

子どもが悪さをすると、親は「なぜ、そんなことをするのか」「どうして、それをしたらいけないのか」とすぐに諭します。その表情が怖いので、子どもは親に従うのかもしれません。

そして、親の時間と子どもの時間は明確に区別します。親の集まりに子どもを連れていくことはあまりありませんし、レストランも大人だけで利用します。小さい子どもはベビーシッターに預けて、大人の時間を楽しむのです。

言葉を替えれば、子どもは子どもの時間を自由に差配します。ドイツでは学校の授業はほぼ午前中に終了します。午後はめいめいが、自分の好きにする。スポーツで汗を流すもよし、自分で本を読んで勉強するもよしです。その時間の使い方に〝同調圧力〟はありません。

こういう教育を通じて、自分の頭で考え、行動する習慣が育まれていくのです。

とはいえ、厳しくしつけるといっても、日本のように箸《はし》の上げ下ろしまで教え込むという感じではありませんでした。日本では家庭でも学校でも、「好き嫌いせずに何でも食べよう」と教えます。ドイツでは、食べたくなければ食べなくていいという教育方針です。

ドイツ人は食に対する関心が高くないからなのかもしれませんが、みんなに合わせて食べなくてもいいという考えも、自立に関係しているように感じます。

ドイツの親は厳しくても、親子関係はギスギスしていないように見えます。むしろ、親は毎日子どもに向き合う時間をしっかり持っているので、子どもも愛情を感じているのではないでしょうか。

さらにいうなら、社会が子どもに対して寛容です。

メッツラー社にいたとき、時折、子どもを連れてくる親がいました。急遽《きゅうきょ》ベビーシッターに頼めなくなったといった事情からですが、子どもたちは会社で大声を出して走り回ったりすることもなく、親の仕事が終わるまでおとなしく遊んでいた姿が印象的でした。周りの大人たちも、眉《まゆ》をひそめることもなく、子どもに話しかけたりして自然に受け入れていたのです。

ある日、出産休暇中の同僚の女性が、乳児を連れて会社に顔を出しました。同僚たちで出産のお祝いをあげたので、そのお礼を言うために生まれたばかりの子どもを連れてきたのです。

さすがに赤ん坊なので、泣き声がオフィスに響き渡りましたが、誰も顔をしかめずに笑顔で話しかけていました。業務時間内であっても、ドイツ人はこういうことでは目くじらを立てないのです。

メッツラー社が老舗同族企業で家族的な雰囲気があったからできることなのかもしれませんが、日本なら「仕事をする場に赤ん坊を連れてくるな」と怒られるでしょう。電車で赤ん坊が泣いていても怒鳴りつける人がいるくらい、日本は子どもに対して不寛容な部分があります。

ドイツでは公共の場で小さい子どもが騒いでいることには苦情を言っても、赤ん坊が泣いていてもあまり気にしません。子どもの誕生と発育は、親だけでなく社会の喜びだという考えが浸透しているように感じます。職場だけではなく、街中で幼児を連れていると、見知らぬ人の多くがとても親切に接してくれました。厳しくするところでは厳しく律するけれども、受け入れる柔軟さもある。それがドイツという国柄だと感じました。

お金を貯める日本、余暇に使うドイツ

ドイツ人は質素で倹約家というイメージがあります。

何しろ、ドイツはエコの国。新しいものを次々に買うことに喜びを見出《みいだ》すのではなく、気に入ったものを長く使い続けています。そのため、家や車、家電などはお金をかけていいものを買い、何十年も手入れをしながら使っているのです。

どこの家庭に行っても、ものであふれかえっているということはありません。必要以上のものを持たずに、家はいつでもスッキリと整理整頓《せいとん》されています。おそらく、日本のような〝汚部屋〟はドイツには存在しないでしょう。日本ではミニマリストは一種のポーズのようになっていますが、ドイツはポーズでもなんでもなく、自然とそういう環境になっているのです。

そのうえ、ドイツは食がとにかく質素です。

衣食住の「住」にはお金をかけても、ファッションと食には驚くぐらいにお金をかけないのがドイツ人です。ドイツでは夕食であっても冷たい食事を食べるのが珍しくなく、パンとチーズとハムだけで済ませたりします。

「せめて温かいスープぐらい飲めばいいのに」と、食への執着心のなさが不思議でなりません。

もっとも、帰宅後の夕飯の準備が数分で済むという手軽さもあるでしょうし、夜は少なめにしておいたほうが健康にもいいという面もあるのでしょう。その代わり、朝食と昼食はしっかり摂るので、ランチではカツレツなどの肉料理を普通に食べています。

最近は中華料理店や和食などのレストランも増えてきましたが、ありとあらゆる国の料理を手軽に食べられる日本は本当に恵まれていると思います。

ただ、ドイツもソーセージとジャガイモ料理は豊富です。

余談ですが、私がドイツに留学した学生時代、レストランに入ってもドイツ語のメニューをほとんど読めなかったので、唯一わかるソーセージという単語を見つけて、その料理を頼みました。アツアツのソーセージが運ばれてくるのかと思いきや、目の前に置かれたのはソーセージがちりばめられたサラダ。しかも、そのソーセージは焼いていなかったので、「なんだ、これは⁉」と目を白黒させながら食べました。

ファッションもドイツ人は普段着としてシンプルな服を身につけている人が大半で、日本人のようにおしゃれに強いこだわりを持っていそうな人はあまり見かけません。メイクをしない女性も多く、スカートをはいている女性が少ないのもドイツならではです。ドイツは寒いので、足を出せないという事情もあるのでしょう。

無印良品やユニクロのようにシンプルなファッションはドイツでも人気があります。シンプルで機能的であり、安くてクオリティがいいものをドイツ人は好むのです。

しかし、ドイツ人は決してケチなわけではありません。お金を使うところと使わないところが明確に分かれているだけです。3週間のバカンスのためにはお金を惜しまず、家族と海外旅行を楽しみます。日本人は衣食住のすべてにまんべんなくお金をかけているので、その辺りが大きく違います。

また、日本ではお金を貯蓄に回す人も多いでしょう。最近は20代の若い人でも、老後の生活を考えて貯金をしていると言います。貯金の具体的な目的がハッキリしていればまだしも、老後への備えだけを考えていては、一生「老後のため」から脱却できなくなりませんか。


それにしても、ドイツ人の基本的な生活姿勢は質素であるにもかかわらず、国内経済を回していけるのはなぜなのでしょうか。

日本のビジネスパーソンはややもするとランチは500円以内に抑え、ファッションは量販店で調達し、軽自動車に乗って発泡酒を飲むなど、みな生活を相当切り詰めています。政府はビジネスパーソンにもっとお金を使ってもらおうとプレミアムフライデーの導入なども試みましたが、はたしてどこまで効果が表れたでしょうか。

日本とドイツでは、〝お金に対する考え方〟がやや違うように感じます。

日本は100円のものを80円で買おうとしますが、ドイツはよいものであれば、100円ではなく、120円で売ろうとします。いいものを安く買えるほうが消費者は得しますが、経済全体で考えると売る側の利益は出ずにマイナスになります。企業の利益を出せないなら、給料を安く抑えるしかない。日本がデフレから抜け出せないのはそういう考えがあるからではないでしょうか。

ドイツはいいものを高く売るという考え方をしています。

企業が利益を出せれば景気はよくなり、高い給料を払うこともできる。結果的に国民1人ひとりの生活に還元されるので、ドイツの経済は安定しているのでしょう。

日本もいいものを高く買い、いらないものは買わない習慣が身につけば、景気も今より少しは良くなるかもしれません。

「仕組み」にお金と時間をかける

だいぶ前の話になりますが、「保育園落ちた日本死ね」がユーキャン新語・流行語大賞のトップテンに入ったことがありました（２０１６年）。

ドイツでも保育園の数は足りていません。２００８年に児童助成法を制定し、1歳以上3歳未満の子どもは誰でも保育園に入る権利が認められました。保育園を急ピッチでつくっているけれども間に合わずに、待機児童も出ています。

ただ、地方自治体相手に訴訟を起こせばプライベートでシッターを雇うためのお金を払うというシステムもあるので、親たちは訴訟を起こしているのです。きちんと受け皿をつくる辺りは、ドイツらしいやり方です。

実は、ドイツも日本と同じく少子高齢化が進んでいます。日本の出生率より低い時期もありました。それに危機感を抱いたドイツ政府は、２０００年ごろから育児がしやすくなるような法律を次々と定めています。

育児休暇は最長で3年間取れます（従業員15人以上の会社に適用）し、育児休暇中の生活の保障に関しては子どもが生まれる前の平均賃金（手取り）の67％を受給できるようになっています。子どもを託児所などに預けずに自宅で育てる場合も、手当をもらうことができます。

２０１９年にドイツの父親が育児休暇を取得した割合は35・8％（連邦統計局「２０１５年生まれの子に関する父母の両親手当受給状況」より）。私の同僚の男性も3カ月育児休暇を取っていました。一方、２０１９年度の日本の男性の育休取得率は7・48％（厚生労働省「令和元年度雇用均等基本調査」より）で桁《けた》が違います。

日本ではイクメンという言葉が定着しましたが、ドイツでは男性が育児に参加するのは当たり前で、子どもの送り迎えをしたり勉強を見てあげたりしています。その間に奥さんが仕事をしているのも普通の光景です。

ただ、ドイツでも育児休暇を取る男性が増えたのはこの10年ほどの話。制度が整ってきたから、利用する人が増えたのです。いずれ少子化も解消されるかもしれません。

日本は随分前から少子高齢化が問題視されていますが、議論しているだけで状況は何も変わっていません。ドイツはすぐに仕組みをつくって導入して、仕組みに問題があったらすぐに改善します。そうやって長い時間をかけて仕組みを定着させていくのが、ドイツのやり方なのです。

今はリサイクル大国になったドイツも、私が赴任した1980年代はまだそれほどではありませんでした。

しかし、2度目の赴任(94年)当時は、リサイクルが徹底されていました。91年に容器包装廃棄物令という法律が制定され、一般家庭から出るゴミの処理責任は生産者らにあると定め、生産者責任を明確にしたのです。そのため、スーパーマーケットにはペットボトルや瓶の回収機があり、持ち込んだ本数や種類に応じてクーポンが手に入ります。あらかじめペットボトルや瓶の料金にはデポジット(預かり金)が上乗せされ、その料金分がクーポンで返って来るのです。これなら、リサイクルしようという気になるでしょう。

ワインやビールなどの瓶を捨てるコンテナが街の至るところにあり、衣服のリサイクルコンテナもあります。

さらに、街の郊外には大型のリサイクルセンターがあり、粗大ゴミから小さいゴミまでリサイクル可能なものはすべて無料で持ち込んで捨てることができます。

とにかく、方針を決めたら仕組みをつくり、徹底してそれを浸透させるのがドイツ流なのです。そのためにお金も時間も惜しみません。ドイツの生産性が高いのは、そういうところも関係しているのでしょう。

この章の最後に、「仕組みづくり」に関するドイツ政府の取り組みについて少し触れておきます。

実は、ドイツも生産性が上がったのはこの20年ほどの話で、それまではＯＥＣＤの労働生産性のランキングの10位以内にも入っていませんでした。２０００年代前半までドイツは「欧州の病人」とも呼ばれ、経済は低迷していたのです。

しかし、ドイツは右往左往しているだけではありませんでした。シュレーダー政権の時に抜本的な改革をしました。これは「ハルツ改革」と呼ばれていますが、おもに４つの改革が実行されました。

①雇用促進のための職業訓練、雇用あっせんの強化
②労働市場の規制緩和
③解雇制限の緩和
④失業保険給付の縮小

④の失業保険を縮小させることは、働く側にとっては改悪のように感じますが、社会保障を削るだけではなく、職業訓練や職業を紹介する仕組みを強化することで、迅速に再就職できるようにしました。これによって失業率は大幅に下がりました。

この改革に加えて、社会保障制度や医療保険、年金制度なども改革し、社会の枠組みを根本的に変えたため、ドイツは再び強い経済をつくれるようになりました。

ここにも、仕組みをつくって長い時間をかけて定着させるドイツ式のやり方が見て取れます。本書ではおもに「個人の働き方」にフォーカスしていますので、ハルツ改革については深掘りしませんが、詳しく論じている書籍もありますので、ご興味のある方はそちらもお読みいただければと思います。

第2章

報・連・相、会議……「それ本当に必要？」

【コミュニケーション】

「会話をためらわない」だけで生産性が上がる

労働の長時間化を防ぎ、仕事の生産性を向上させるための2つ目のヒントは、「コミュニケーション法」です。

コミュニケーションの仕方を変えるだけで、生産性は劇的に変わります。社内でも社外でも、無用なトラブルを招いたり、必要以上に仕事に時間がかかるのは、たいていコミュニケーションの取り方に問題があるからです。

ビジネスにおいては会議や商談、連絡や相談など、さまざまなコミュニケーションの場面が考えられますが、私が生産性に少なからぬ影響を与えていると感じるのは、日常の会話です。

海外で暮らしていると、日本人は言葉を発する場面ではひじょうにシャイだということがよくわかります。

たとえば、簡単な挨拶《あいさつ》でも、ドイツと日本では頻度とタイミングが違います。

ドイツでは社内の廊下で誰かとすれ違うときは、必ず「Guten Tag（こんにちは）」、あるいは「Hallo（ハロー）」などと挨拶します。朝だったら「Morgen（おはよう）」、夕方は「Auf Wiedersehen（さようなら）」「Tschüss（バイバイ）」です。

日本でも挨拶は大事だと学校でも教わりますし、入社してすぐの研修では挨拶の仕方をたいてい学びます。しかし、新人の頃は挨拶をしていても、徐々にしなくなっていく人が大半です。特に、部下に挨拶をする上司は少ない。おそらく「目下から挨拶すべきだ」などと考えているのでしょう。

しかし、ドイツでは年齢や立場に関係なく、自分から「Guten Tag!」と元気よく挨拶をします。挨拶で互いの間にある見えない壁を取り払うのが、ドイツ流なのです。

コミュニケーションは質よりも量だとよく言われていますが、ドイツ人はまさにそうです。エレベーターで会ったときも「ご飯食べた？」「どう、元気？」のように、みんな自然に声をかけ合います。多くの言葉を交わさなくても、ひんぱんに挨拶をしているだけで互いに親近感を抱くようになります。そうすると、仕事でもコミュニケーションを取りやすくなり、ひいては生産性の向上につながるのです。

「おはようございます」と挨拶をしても返さない上司に対して、部下は心を開くでしょうか？

話しかけづらいと感じて、大事な報告や相談もしないかもしれません。それでトラブルやミスが起きたら、フォローをするのに余計に時間がかかります。普段からコミュニケーションを取っていたら、それも防げるかもしれないのです。

ドイツ人と比べると、一般的に日本人は口数が少なく、静かです。日本のレストランや電車の中（アナウンス以外）はひじょうに静かですし、映画館や美術館で話している人はほとんど見かけません。ドイツでは、映画館でも大声で笑ったり、「オー」と感嘆の声をあげたりします。

私は朝マンションのエレベーターホールで誰かに出会ったら、たとえ相手が知らない子どもでも、「おはようございます」と挨拶をします。スタバでコーヒーを受け取るときも「どうもありがとう」と言いますが、たいていの日本人は、知らない子どもには挨拶をせず、コーヒーは無言で受け取ります。警備員の方が「おはようございます」と挨拶をしても、声を出さずに頭を下げるだけというのもよく目にします。

昔の日本人のほうが挨拶をよくしていたのかもしれません。

私たちが子どもの頃には「隣近所の人に挨拶をしましょう」とよく言われていました。

江戸《えど》時代に日本を訪れた外国人が書いた文献にも、「礼儀正しい」と書かれたものが多数あり、武道では「礼に始まり、礼に終わる」と挨拶がとても重要なものとして考えられています。近年は犯罪防止などの理由から「知らない人に声を掛けられたら、すぐに逃げるように」と子どもに教えているので、挨拶の習慣を身につけるのも難しくなっているのかもしれません。

ドイツ人は知らない人であっても話しかけることをためらいません。一方、日本では、相手の様子をうかがって「今、話しかけても大丈夫だろうか？」「忙しそうだから、後にしよう」などと相手に配慮をするのがマナー。だから、いざ話そうとすると、必要以上に堅苦しい話し方になってしまったり、会議などの公の場で話したほうがいいなどと思い込んでしまうのです。

お互いに気軽に挨拶をすることからコミュニケーションは円滑になり、仕事のスピードも上がり、生産性の向上にもつながるのです。

「なるはや」では通用しない

コミュニケーションが生産性を下げている一つの例が、日本でよく耳にする「なるはやでやってね」という言い方です。

日本人には、本音をハッキリと言わず、控えめであることが良く、一言多いのを嫌うという美意識があります。

あえて直接的な表現をするのを避けて余白を残すことで、自分の意図を相手に読み取ってもらうような話し方をするのが、社会人としてのマナーと考えられています。

この「なるはや」ですが、上司は「明日まで」と思っていても、部下は「3日後ぐらいでいいかな」と思っていたりします。そして翌日になり、「どうして手をつけていないんだ」と上司が怒るというのはよくあるケースです。

そこで慌てて作業をしたら完成度は低くなり、やり直しになるかもしれません。上司も部下も無用にストレスを感じることも含めて、生産性がひじょうに悪い方法でしょう。

仮に「明朝までに完成させてほしい」と考えていても、ギリギリのタイミングだと相手に悪いから言いづらいと思ってしまう。そこでハッキリと言わずに、なんとなく察してほしいという雰囲気を漂わせるのが、日本人のコミュニケーションなのです。

これが迷惑なのは、「なるはや」と曖昧《あいまい》に伝えた側ではなく、察しなかった側が悪い、と言われることです。頼まれた側は以心伝心で上司の要望を汲《く》み取れと、無言で圧力をかけられているようなものです。

日本は、以心伝心や暗黙の了解が通用する土壌をつくることに時間をかけます。しかしそれは、相手に負担をかける非効率的なコミュニケーションなのではないでしょうか。

当然ですが、ドイツには「なるはや」に該当する言葉はありません。ドイツに限らず、海外では以心伝心や暗黙の了解など通用しないので、すべて言葉に出して相手に伝えなくてはならないのです。

私がドイツ人に仕事を頼むときは、特に急いでいるものは「私は急いでいます。悪いけど、明日の朝までに頼めないか？」とハッキリ言うことにしていました。彼らはできるなら「できる」と言い、できないときは「できない」とキッパリ言ってくれるので、対応策を考えられるのです。

このとき、なぜこのタイミングで必要なのか、どれくらいシビアなのか、もしも間に合わなかったら何が起こるかを説明していました。相手も「なぜ、この日に必要なのか？」と聞いてきますから、納得できる説明をしなければなりません。

たとえば、その資料は「私が必要としている」のか「顧客が必要としている」のか、あるいは「何のために必要なのか」をきちんと説明し納得させることで、却《かえ》って生産性向上につながるのです。

ドイツ人はムダな仕事をするのを嫌がります。だから、その仕事が明日の朝までに必要な理由をきちんと説明できないと、納得して引き受けてくれないのです。

ドイツ人は、「Ist es sinnvoll?」、英語では「Does it make sense?」という質問をよくします。日本語にすると「それは本当に意味があるの？」「本当にそれ必要？」という意味です。この質問の背景には「仕事は合目的的であるべき」という発想があります。

日本なら、いきなり「その仕事は本当に必要ですか？」と聞いたりしたら、瞬時に空気を読めない人だと認定されます。私も、最初はドイツでこの質問を受けたとき、「必要だから任せようとしているのに決まっているじゃないか」と心外だと感じました。

しかし、よくよく考えてみると、どうしても明日の朝までにやらなければならない理由が見つからない。

もし「クライアントが困るから」という理由なら、「困るなら、クライアントがもっと早くに依頼できるよう、自分が努力するべきだった」という結論になります。相手が納得する「理由」にはなりません。

元来おとなしい日本人の場合、いろいろな場面で慢性的に説明不足である傾向がありま す。いわゆる、言葉足らずです。これは、日本語の特性に由来している部分もありますが、主語を省略したり、述語を最後までハッキリと言わなかったりするのも伝わりづらさの原因になります。

細かい部分まで、きちんと言葉で説明し納得させることが生産性をあげるのです。

ヨーロッパの企業では、さまざまな国のいろいろな人種が一緒に仕事をするのが当たり前です。そのため、言葉できちんと説明しなければ相手が理解してくれなくて当然だという発想が根本にあります。

日本人が説明をしたり議論をするのが一般に得意ではないとすれば、それは、物事の筋道を立てて論理的に話をしなくても、互いが共有する暗黙知が大きいので、あえて言葉を尽くす必要が少なかったからではないでしょうか。

もう一つの理由は、自分とは違う考え方をしている人に対して「そういう考え方もあるよね」と尊重する習慣がついていないことにあるように思えます。「respect」（尊重する）と「accept」（受け入れる）は違います。しかし、日本語の会話でこの違いが明確に意識されていることは少ないように感じるのは私だけでしょうか。

同じ会社の社員でも、同じ日本人でも、1人ひとりの意見は違うものです。だからこそ意見が違う人に対しては「僕はこう思う」と自分の意見を言葉にしてディスカッションをすることが大切です。ディスカッションの目的は、相手の意見によく耳を傾け、よく尊重し、相違点を明確にした上で、互いの溝を埋め、落としどころを探ることにあります。「言い合うこと」が目的ではなく、「いたずらに自己を正当化すること」、もしくは「相手に迎合すること」が目的でもありません。

相手を尊重することから、相互の信頼が生まれ、対話を重ねることでその信頼が醸成され、結果として仕事がスムーズに前に進むことにつながるのだと考えています。

日本（語）の場合、違う意見に接すると、会話が必要以上に自己防衛へと傾きます。相手への敬意がなく、ひたすら自己正当性の強調がはじまることが多いようです。

以前、ポケットＷｉ－Ｆｉの機種を交換したことがあります。交換にあたって、契約変更についての重要な情報を先方が失念していました。こちらがそれを指摘し、できれば、踏み込んだ対応をお願いできないかと問いかけても「できないものはできません。システムが対応しません」の一点張り。私の依頼の背景にどのようなニーズがあるかまったく興味がないのか一切の質問もなく、ひたすら「当社はこれ以上の対応は致しかねます！」の連呼でした。

こちらは決してけんか腰ではなく、期待しているのは、なぜ私が望むサービスが提供できないのかについての最低限の理由と、であれば、それを前提とした場合の落としどころはどこになるのか？　ということを相談することだったのですが……こちらに対する一切の問いかけもないまま終わりました。

対応された方が、何か見えない圧力の中で「これ以上話してはいけない」「会社が不利になる」「上司に怒られる」と思っているような状況が会話から窺《うかが》えたので、私は、本当に必要な会話はこれこれですよとだけ伝えました。

決して腹が立つ話でなく、なんともやるせない気持ちになりました。

もっと円滑で効率的な会話ができれば、互いの時間がよりセーブできたことは間違いありません。

日本流のコミュニケーションがすべてダメで、ドイツがすべて正しいと言うつもりはありませんが、仕事の生産性を上げるという目的のために、取り入れられることはどんどん取り入れたほうがいいと思います。

日本も、外国人の社員と働く場が増えているので、今後ますます以心伝心ではなく、誰にでもわかるような伝え方が不可欠になるでしょう。

「質問はタダ」と考える

一昔前ならほとんどの人が読めなかった〝忖度《そんたく》〟という言葉が、今や誰もが意味を知るところとなりました。

忖度に該当する英語はないので、外国人に忖度という言葉を説明すると、ポカンとされると言いますが、日本の社会では、気配りや忖度、思いやりなどが美徳の一つと考えられています。相手の気持ちや言葉の裏にあるものを推し量って、便宜を図るのが、気が利く人、空気が読める人として評価されます。反対に、思ったことをすべて口に出してしまう人、俗に言う「一言多い」人は、デリカシーがない、無粋などと嫌がられます。

だから、飲み会の席では、言われなくても料理を取り分けたり、上司に「飲み物の追加を頼みましょうか？」と声をかけたりするのが〝デキる人〟と見なされ、会議やプレゼンの資料は、言われなくてもパワーポイントなどを使って見た目もきれいに仕上げるのが常識とされています。

人間だけではなく、給湯器や炊飯器には、機械がしゃべってお知らせをしてくれる機能が付いているし、個室に入るだけで便座が上がるトイレまであります。機械まで忖度してくれるのです。日本に来た外国人は「どうして俺が男だということがトイレにわかったのか？」と驚きます。

もちろん、これはこれで素晴らしい日本の価値観です。日本のおもてなし文化のサービスとして成功しているところでしょう。

しかし、ビジネスにおいてはこの忖度の行き過ぎが、労働時間を増やし、仕事の効率化を妨げる原因になります。

忖度がマイナスに働いてしまうのは、過剰な忖度によって、結果的に仕事や手間が増えてしまうからです。

たとえば、「もしかしたら上司に聞かれるかもしれない」と、市場のデータや他社の成功事例、過去の取引先の実績などを徹底的に調べて会議に臨むのも、過剰な忖度と言えるかもしれません。ドイツなら、必要ならあらかじめ調べておくよう、上司と部下、同僚同士でクリアな会話があります。

日本の場合、「するべきだからする」よりも、「これをしておかないとまずいかもしれない」と思ってやっている仕事が多くなるのは、忖度をするからです。上司側も、「言われる前にやっておくのは当たり前」という感覚でいます。

ドイツのスーパーでは、レジが何台もあるのにたった一台しか開いてないというのはよくある光景です。土曜日はみな日曜の分も買い込むので、決まって長蛇の列ができます。それでもレジ係は気にせず、知り合いが並んでいたら「今日は寒いわねえ」などと平気でおしゃべりをしながら、のんびりとレジを打っているのです。

私はドイツに住み始めたばかりのころはイライラし、よほど「他のレジも開ければいいんじゃないですか？」と言おうかと思いました。ところが、並んでいる買い物客は、誰も文句を言いませんし、不満を感じている雰囲気でもない。

「お客様の気持ちを考えよう」などの忖度は一切しないのがドイツ人で、客側もそれを受け入れているのです。

それでは、忖度をしないためにはどうすればいいのか。

答えは簡単で、わからなければ相手に聞く、というだけです。

日本とドイツの会社を比較して、大きく違うことの一つが、ドイツ人はわからなかったら「わからない」と言い、気になっていることはすぐに質問するところです。「質問するのはタダ」くらいに考えて、ドイツ人はわからないことがあるときはすぐに質問します。

一方、日本人は「いま質問すると、間が悪いんじゃないか？」「仕事ができないと思われるかもしれない」と躊躇《ちゅうちょ》してしまうから、忖度をするのでしょう。

「なるはや」のように曖昧な表現でも、自分の想像力を使って察しなければ社会人失格だというのが日本では主流の考え方かもしれません。しかし、仕事を効率的に進めるには、わからないことをその場で即聞くことが一番効果があります。

「〝なるはや〟はいつまでですか？　明日ですか？　明後日《あさって》でもＯＫですか？」と聞けば、忖度などしないで済みます。忖度している時間こそ、非生産的なのです。

今、日本は何でも忖度されて、誰かに決めてもらうのが当たり前という社会になっています。私は久しぶりに日本に帰って来て、何でも社会が答えを与えすぎることと、みんなが答えを求めすぎることは大きな問題だと感じています。

本当は、絶対に正しい答えなどありません。自分で考えて決めたことが答えなので、正解は一つしかないわけではないのです。

ところが、日本では必ず「答えは一つ」と思いがちです。さまざまな試験問題がそうなっていることも影響していると思います。最近では色々変わってきていますが、人々の思考パターンはそう簡単には変化しません。

試験の正解は一つしかなくても、社会に出るとそもそも答えが明確に出ない問題が大半です。それなのに、「常識」という表現でひとくくりにしようとするから、非寛容になっていくのではないかと感じています。

余談ですが、史上最年少でプロ棋士デビューをした藤井聡太《ふじいそうた》八段（2021年現在）が29連勝という記録をつくった時、将棋が一般に注目を集めましたが、その理由の一つが、「答えが一つではない事柄について考えること」が子どもの能力を伸ばすのに役立つということのようです。果たして、本当にそうなのか、真偽のほどはわかりませんが、多くの日本人は答えのない問いを考えるのが苦手だと自覚しているのかもしれません。

ジェネラリストが〝忖度〟の土壌？

日本の企業の特殊な点の一つが、さまざまな部署に配属される人事異動です。

海外では特定の分野に特化したスペシャリストになるのが一般的であり、営業部の次が人事部といった畑違いの部署に行く異動はほとんどありません。日本では個人技よりチームプレー重視ですから、花形選手の誕生を組織は好みません。特にサービス業においてこうした傾向がよく見られます。銀行業界はある意味典型かもしれません。

しかし、ジェネラリストが多くなれば、どうしても組織の中での忖度が不可避となります。

ある人にしかできない仕事というのは原則存在しません。ですから、広範な人事異動が可能となります。

他方で、あくまでチームプレーですから、細部にわたる個々人の評定が難しいという事情があります。そうなると、少しでも他のライバルより評価してもらいたいとなった場合、仕事の成果だけではなく、誰と一緒に仕事をして、誰に認められるかが出世の鍵《かぎ》となるのです。

そのために、直属の上司ばかりか、有力な先輩筋にまで役に立てるよう、さまざまな忖度を図りめぐらし、そういった人物が気に入るようなことを先回りして行うような考えも出てきます。

言われたことだけをやってもダメなので、言われていないこともやっておくと、「ああ、よくやってくれたね」と評価されます。つまり、豊臣秀吉《とよとみひでよし》が織田信長《おだのぶなが》の草履を懐に入れて温めていたようなことが力を発揮するのです。

日本の忖度には、そういう組織の構造から考え出された知恵という側面がありますので、それ自体が悪いとは言えませんが、行き過ぎてしまって非効率を生む原因になっていることも確かです。

忖度を完全になくすのは無理かもしれません。ただ、上司の責任で忖度を減らすことはできると思います。トップに立つ人が、「私がやりたいこと、求めることはこれだ。いい知恵があったら出してくれ」と、クリアなアイデアとクリアな要望を出して、言葉でしっかりと情報を伝達するようにすれば、忖度は減ります。

それには、日本人が嫌ってきた「一言多い」コミュニケーションで言葉の不足を補うことが重要な役割を果たします。みんなが自分の意見を声に出してコミュニケーションの仕方を変えると、日本の会社はきっと変わることができると思います。

ムダな「報・連・相」をしない

私が働いていたメッツラー社の上司は、出社したらまっすぐ自分の席に向かうのではなく、社内を10分くらいブラブラと歩き回ってから席に着くのが日課でした。部下のデスクの間を大体3パターンくらいのルートで歩くようにしていたようです。

私の上司だけでなく、ほかの役員もそして当主も、同じように席に着く前に社内をブラブラして「おはよう」「調子はどう?」と社員たちに声をかけたり、「スミタ、今日はどんなお客さんが来るの?」「○○さんとはいつ会うの?」などと質問をするのが、恒例の朝の風景でした。

これは、部下の仕事を細かく管理しているというわけではありません。部下の仕事の進捗状況をほんの数分で把握できるからやっていたのでしょう。わざわざ「報・連・相の場」を設けなくてもいいので、ひじょうに合理的な方法です。

進行中の仕事についても細部を事細かに聞かれたり、説明したりすることはありませんでした。せいぜい二言、三言話す程度です。上司としては、必要な部分だけのフィードバックをもらっておけば、あとは部下に任せても問題ないし、部下のほうも報告する必要がないことは伝えません。ムダなコミュニケーションをとらずに済むのです。それでも社内の風通しはよく、問題はありませんでした。

きちんと話す必要があると判断したときは、「わかった。それは、あとでもう一回話そう」と別の時間を約束することもありましたが、それほど多くはなかったと思います。

退社するときも、上司は朝と同じように社内をブラブラ歩きます。私の上司は、日々超多忙なスケジュールをこなしていましたが、部下との短いコミュニケーションを欠かすことはありませんでした。それも仕事の一部と考えていたのでしょう。

この方法をとれば、全員を集めて会議や朝礼をする必要はありませんし、お互いに短時間で自分に必要な情報を集めることができます。ミニマムで効率的なコミュニケーションです。

もちろん、上司に報告するための資料をつくる必要もありませんから、部下も時間と手間を節約できます。

日本では部下が取引先などにメールを送るときに、上司のメールアドレスをCCに入れて出すケースが珍しくありません。上司としては報告を受けなくても仕事の進捗状況がわかるので、効率的な方法だと考えるのでしょう。

しかし、本当にそのCCは必要なのか、疑問です。

私がドイツにいたころ、東京のスタッフから日本本社のボスをCCに入れたメールがよく届きました。ドイツ人はそのようなメールには違和感を抱きます。

「なぜ、我々のやりとりを、わざわざボスに伝えないといけないのか？　ドイツのスタッフを信頼していないということか？」と抗議されたこともあります。私も必要がない限り上司にCCを入れることはありませんでした。

CCを入れなくてもいいということは、その仕事を任せている・任されているという信頼の証《あかし》でもあり、その信頼が社員の士気向上につながります。

一方、日本は「この資料の確認をお願いします」程度のメールでもCCを入れます。これはメールを送る社員にまったく権限を与えていないということになります。「CCを入れるぐらい生産性と関係ない」と思うかもしれませんが、あまりに多いCCは読み切れません。本当に読まれなくてはならないものが読まれなくなります。

一律の方法には効率性、生産性の視点から限界があるように思えてなりません。ドイツのように、本当に重要なやりとりだけCCをつければいいのではないでしょうか。

上司が「自分の見ていないところでトラブルが起きたら困る」と思っているのであれば、それこそ部下を信頼していないことになります。そうやって上司がすべての権限を握っていたら生産性が上がらないのは当たり前。必要最低限の報・連・相にすれば、部下も自立するのと同時に、上司も自立できるのではないでしょうか。管理しすぎるのも、自身が自立していない表れなのです。

失敗したら「次はどうしたらいいか」

日本の銀行でドイツ支社に勤務していたときの話です。部下だったドイツ人女性から、彼女のミスでトラブルが起きているという報告を受けました。トラブルの内容は、彼女がある顧客との間で、ルールで定められている書面を交わさないままに仕事を進めてしまったということでした。

その報告を受けて、私は開口一番「なんでそんなことをしたの？」と言ってしまいました。すると彼女は、「ミスター・スミタ、あなたの仕事は『なぜ？』と聞き返すことではない。事後処理にベストを尽くすのが、あなたの仕事だ」と言い返してきたのです。

それだけでも「失敗した人間が何を言っているんだ」と思うところですが、さらに彼女は、「ミスター・スミタ、もう一つ言わせてもらうけど、私が今報告しなかったら、私がルール違反をしたことはわからなかったはず。私に対して、『報告してくれてありがとう』と感謝すべきだ」と続けました。

私はしばらく言葉を失ってしまいました。

「なんて図々しいんだろう」と一瞬思いましたが、彼女の言い分は実に筋が通っています。これはとても良い学びの機会になりました。

失敗したときは、まず報告してくれたことに感謝するくらいでないと、悪い報告は容易に上がってきません。それから対処法を考えてフォローする。それが終わった後で、なぜこういうことが起きたのかを議論し、分析をするというのがあるべき手順なのだと学びました。

それは決して責任逃れをしているわけではなく、すぐにリカバリーしたほうが問題を解決しやすいので、合理的な考え方ともいえます。

メッツラー社では、誰かが失敗しても、個人を非難したり犯人捜しをしたりしません。仕事がうまくいかないときは、上司は部下に「なぜできないんだ?」とできない理由を聞くのではなく、「できるようにするには何をしたらいいか?」を考えさせて議論します。

一方、日本人は、いま必要な対処法を考えるより先に、できない理由や失敗の理由を探ろうとします。

しかし、できない理由ばかりを考えていたら、責任を追及する=批判をすることになりますから、仕事に対するモチベーションが下がります。そのうえ、失敗を個人のせいにすると、部下は失敗を恐れるようになって自分で決断しなくなります。生産性を妨げることにつながるのです。

したがって、失敗したら、まず迅速に報告してくれたことには謝意を表明して報告に耳を傾ける。

一見、相手を甘やかす行為のように感じるかもしれませんが、失敗を報告してくれたことだけを褒めればいいのです。そうすれば、それからもミスやトラブルは報告してくれるようになります。組織にとってはそのほうが助かるのは言うまでもありません。

じつは、英語にもドイツ語にも、日本語の「反省」にニュアンスの近い言葉はありません。

失敗したら反省するのではなく、「次はどうしたらいいか？」と前向きな分析をします。日本人のように「もう二度とこのような失敗は繰り返しません！」と猛省するのは、彼らには通じにくい感情かもしれません。

これは、たとえるならテニスの試合と同じです。テニスはポイントを取られても、失敗した、得点を取られたとクヨクヨしている時間はありません。次のプレーに向けて気持ちを切り替えないと、さらにポイントを取られるだけです。

次のプレーをどうするかを考える。そして、最後に勝てばいい。

失敗の原因については考えなくてはなりませんが、日本のように「やる気が足りない」「いい気になっていた」「油断していた」のような根性論、精神論になることはありません。

あくまでロジカルに、合理的に考えます。

極端な話ですが、冒頭のドイツ人女性のように、多少ルールを外れたとしても、その行動が生産性を上げるという目的に合っていれば認められることもあります。

なぜなら、ルールは守るものですが、ルールが現実に合っていなくてうまくいかないのなら、改善するべきだからです。

日本人はルールができてしまったら、そこから1ミリでもはみ出したらアウトという考え方をしますが、ドイツ人は必ずしもそうではありません。はみ出したらルールを変えてしまえ、と時には考えるという柔軟性があるのです。そのほうが確実に生産性を上げられます。

ルールに固執していたら、失敗を許せない組織になります。失敗を許容せず、目標必達を強要した結果、不適切会計に手を染めた日本企業がありましたが、そんな危機的な状況になったのも、ルールへの固執が原因の一つでしょう。

失敗を受け入れられる柔軟な組織にならないと、これからの時代は勝ち残っていくことができません。

「質問が質問を呼ぶメール」にならないために

よく言われていることですが、日本の会社でムダなコミュニケーションになりやすいのは、メールと会議でしょう。

ドイツ人はメールのやりとりが増えてくると、どちらかが「会って話そう」と言い出します。私の感覚では、日本よりもフェイス・トゥ・フェイスで情報交換をすることが多かったように思います。何通もメールを打つぐらいなら、一回会って話したほうが早い、という感覚なのです。

メッツラー社のフランクフルト本社には、東京の子会社からさまざまな照会や質問のメールが寄せられます。ドイツ人の同僚がメールのやりとりでストレスを感じていたことの一つが、「質問が質問を呼ぶ」ということでした。

たとえば、東京から複数の質問事項が寄せられるとドイツ人の担当者は懸命に回答をつくって返信します。すると間髪を容《い》れず、関連した質問が複数寄せられたことがありました。返答を読んで、さらに確認したいことが出てきたのでしょう。

彼は相手の日本人に直接クレームをつけるのはさすがに遠慮したようですが、私には「どうして前回のメールで一度に聞かなかったのだろうか？　キリがないからいい加減にしてほしい！」と本音をぶつけてきました。

東京の担当者からすれば、顧客がさらに質問しているのだから、それは再度ドイツ側に確認するしかありません。日本側からすれば「お客様のご要望に応じるのは当然ではないか？　ドイツでは顧客を顧客とも思わないのか？」ということなのですが、こうした場合「顧客の要請だから仕方がない」と言ってもドイツ人は納得しません。

「あなたは、顧客がやれと言ったら黙ってどんなことも従うのか？　それは本当に必要なのか？」と無用の誤解を招き、信頼関係の傷になりかねません。

このようなとき、私は両方に納得してもらえるように説得しました。

ドイツ人の同僚には「これは厳しい競争を勝ち抜くための努力として必要なものなのだ」と諭す一方で、東京のスタッフには「詳しく事情を説明してほしい。たとえば顧客の社内会議でさらにデータが必要となった、もしくは顧客のキーパーソン説得のために、さらなるデータが必要となったなどの事情はないか？」と電話で協議をして、先方の理解を得るように努めました。

日本人同士であれば、あえて必要のないコミュニケーションも、相手がドイツ人となると、別の角度からのロジカルな説明が必要となります。ドイツ人の同僚も、事情を把握すれば理解を深めて協力してくれるのです。

いずれにしても、こうした会話は、直接会うなり電話なりで行いました。異文化同士の意思疎通を、どちらの母国語でもない英語でのメールに頼ることには限界があります。おかげで、今は日独間（本社・子会社間）の意思疎通は随分円滑になっています。

私の感覚からすると、日本のビジネスパーソンはメールに頼りすぎているという感じがします。

もちろん、メールのほうがうまく伝わることもあるのでケース・バイ・ケースですが、電話を一本入れれば話がスムーズに進む場合もあります。

メールとリアルのコミュニケーションを使い分けるのも、仕事時間を減らし、生産性を上げる方法の一つです。

「決められない会議」はしない

おそらく、読者の皆さんの多くは、ムダな会議が生産性を上げられない原因になっていることはわかっているはずです。

ムダな会議をなくせないのは、一番「仕事をしている気」になれるからでしょう。会議室に集まってみんなで話し合っているだけで、何も結論を出さなくても仕事をしている気にはなれます。

メッツラー社では、会議はかなり限定的でした。日本の会社に勤務していた経験からすると、その少なさは驚くほどでした。

「ちょっと、5分だけいい？」のように、少人数が集まって話すミーティングは、あちこちでしょっちゅう行っています。しかし、改まった会議となると数はぐんと減ります。

会議の内容も、日本とはまったく違います。

面白いのは、会議の目的がハッキリしているところです。新しいプロジェクトなど「何かを決めなくてはならない会議」と、「情報交換・情報共有のための会議」は別になっています。

多いのは、情報交換・情報共有のための会議のほうです。この会議は週に2回ぐらい開かれていますが、参加する・しないは自由です。

まずアナリストが、「マーケットではこんなことが起きています」と説明をします。集まった人は、質問があれば質問をするし、意見のある人は意見を言いますが、そこで議論をするわけではありません。誰かが仕切るわけでもなく、「俺はこう思う」「俺はこんなことを聞いた」と勝手にしゃべって、一通りみんながしゃべり終わって静かになると会議は終わりです。日本の会議に慣れている者からすると、この会議の進め方はとても新鮮に感じました。

参加した人は短時間で必要な情報を交換したり共有したりできるので、ひじょうに効率がいいのです。日本の会社でも、取り入れてみてもいいのではないかと思います。

「何かを決める会議」では、日本と同じく、議題に対して意見を出し合います。

ただし、重役だけが話して、若手社員は黙って聞いているだけ、ということはあり得ません。会議に出席したからには、全員発言するのが鉄則。何も発言しなかったら、会議の時間をムダに過ごしていることになります。

このような会議では、プロトコル（書記）がいて、その日のうちに議事録を社内の共有フォルダにアップします。

日本と大きく違うのは、別の仕事が入って会議に出られなかったとしても、とがめられないという点です。議事録を読めば話し合いの内容も確認できるので、問題ないのです。

ちなみに、プロトコルは出席する人が持ち回りで担当することになっていましたが、参加者の皆が標準的なドイツ語を話してくれるわけでもなく、また議題も私にまったく馴染《なじ》みのないものもあったりで、さすがに恥ずかしながら私の場合、書記は免除してもらっていました。

日本だと、大勢で集まって結論を出そうと会議を開いても、結論を出せずに長時間かかるのはよくある話です。

一方ドイツでは、私の経験からは、30分ぐらいの短いミーティングもあれば、しっかり議論する会議でも2時間を超えることはあまりありませんでした。つまり、1時間ぐらいでたいていの問題は結論を出せるということになるでしょう。

また、会議の始まりと終わりの時間は明確に決めておくのが普通です。内容によって、どうしても長くなりそうだったら別の機会に話し合うなど、その辺りは柔軟に対応していました。

いずれにしても、会議に関しては、日本と違ってひじょうにミニマイズされて効率的にやっていましたから、大いに参考にできるところの一つだと思います。

仕事を回すための「社内外交」

私がメッツラー社で仕事をしていたときは、一緒に働くチームがありました。チームに所属する人は、8～9割は自分の仕事を、残りの1～2割はチームの仕事をします。それは私のためのチームではなく、お互いに協力して仕事をする仲間。上司と部下という関係ではなく、フラットな横のつながりです。

案件によって、私の仕事をチームの誰かに手伝ってもらうこともあれば、その反対もありました。

私が同じチームの人に仕事を頼むときに気をつけていたのは、まず、相手の仕事の優先順位を理解することです。相手が今どういう仕事をしているのかを頭に入れながら、仕事を依頼していました。

ムダな仕事はしないドイツ人ですが、怠けているというわけでは決してありません。ドイツ人は真面目で勤勉だと言われているのはその通りで、日本人とよく似ています。ただし、日本人と大きく違うのは、自己主張が強く、優先順位が明確であることです。

独立心が強いチームメイトに快く協力してもらうためには、心情的に私の仕事の優先順位を上げてもらうことが必要です。

そのために、私がよくやっていたのは日頃から特に親しい仲間を誘って、ランチをご馳《ち》走《そう》することでした。仕事をうまく回すために「社内外交」をやるように心がけていたのです。

ドイツでの私の仕事は日本に関係するものがほとんどだったので、お寿司《すし》をご馳走しながら、「今、日本のビジネスはね」という話をしておくだけでも、仕事を頼んだときの反応が変わりました。

彼らにとっては、私の仕事も日本のビジネスも「自分には関係ない」と言うこともできます。私の仕事を手伝わなかったからといって、ペナルティがあるわけではありません。

そうすると私が頼む仕事の優先順位は、自然と下がります。

しかし、お寿司―日本―日本のビジネス―スミタとつながり、親近感を覚えてもらえれば、相手から協力を得やすくなります。

ランチの席では「今度、こういう仕事が入って来るかもしれないけど、今、忙しい？」とさりげなく聞くこともありました。海外でも食事をご馳走してもらうと「悪いな」という心情になるのか、私の仕事の優先順位を上げてもらえるようになったのです。

親しい仲間の内訳は、一人は中国人、一人はドイツ人とタイ人のダブル、そしてドイツ人でした。少人数でも多国籍状態です。

私はアジアンランチと呼んで、今日は日本食、次の週はタイ料理、次は中華料理という感じで、ランチの時間を使ってチームの結束を固めていました。

そうすることで、親しい仲間の社内人脈も利用できます。他のある部署に特別の協力をお願いしたい場合には、この仲間からも口添えをお願いします。そうすることで、極めて円滑に仕事が回るのです。もちろん、協力してくれた部署の同僚（ドイツ人）をあとで日本食に誘ったのは言うまでもありません。

そのアジアンランチで驚いた出来事がありました。そのときはタイ料理のレストランに行ったのですが、中国人の同僚に運ばれてきたトムヤムクンのスープに虫が入っていたのです。

彼女が「これ、虫が入っている」と言うと、店の人は「すみません。すぐに取り替えてまいります」とスープを下げようとしたのですが、彼女は「ストップ！」と止めました。「これはそのまま置いておいて、新しいのを持って来て」と言ったのです。

彼女は、そのまま持って行ったら見えないところで虫だけを取り出して、「新しいのを持ってきました」と言われると思ったのです。日本では店に対する信頼があるから、誰もが新しいスープをつくって持って来るだろうと考えてしまいます。しかし、世界に暗黙の了解はないのです。

私は、そこで国ごとのリスク管理の違いを一つ学びました。やはり、厳しい国際社会を生き抜くには、何事も闇雲に信じていてはダメだと知ったのです。

社内外交で大事なのは、この仕事がチームや会社にとってどれくらい重要なのかを十分に説明して、相手の理解を得た上で仕事を手伝ってもらうことです。

ドイツでは「同じチームだから」「あなたのアサインメントに書いてあるから」「私はあ

なたの上司だから」、やってもらうのが当たり前だというコミュニケーションは絶対に成り立ちません。

したがって、チームが同じ方向を向いて収益を上げるという目的を達成するためにやっているのだと理解してもらわないといけないのです。

特に日本人のビジネスは、ドイツと比べるとひじょうに細かく情報を調べなくてはならない場面が多くなる傾向があります。ドイツ人の感覚からすると、「なぜ、そこまで調べなくてはならないのか？」と思うこともあるのです。

その疑問を払拭《ふっしょく》するために、日本人のカルチャーやキャラクター、ヒストリーの違いも説明しなければなりません。日本のビジネスでは信頼が大事ですが、ドイツとは信頼を築くためのプロセスが違う。日本の場合は、細かい情報をタイムリーに伝えてくれることが、信頼の大きな礎になるのだと、何度も説明しました。

気をつけなければならないのは、カルチャーが違うと言うと、「ここはドイツだし、悪いけど、なんで私がそのカルチャーに合わせなくちゃいけないのよ」という議論になる点です。逆の立場で考えれば、いきなり日本に違う国の人がやって来て、自分たちのカルチャーを理解しろと言われても、「そんなの知らないよ、ここは日本なんだから」と言いたくなるでしょう。カルチャーの違いという表現は万能ではありません。
自分や会社にとってどのような利益があるのかを伝えるのが、一番心に響くのだと実感しました。

本当は、日本のビジネスでもこれは大事なことです。

ただ「これ、調べておいて」と指示を出すのではなく、その作業の目的やどのようなメリットがあるのかを説明したほうが、部下も納得して仕事に取り組みます。目的がわかったほうが生産性は上がります。

もし、上司がそのプロセスに十分配慮しないと、「この仕事はなぜやらなくてはならないのか?」と部下の士気が上がりません。

歳が離れていたら、それこそカルチャーやキャラクター、ヒストリーはまったく変わります。外国人と仕事をするのも、歳が離れた部下と仕事をするのも大差ありません。

日本語が通じるからといって「言わなくてもわかるだろ?」で済ませてしまいがちですが、本当は丁寧に説明する社内外交は、日本でも必要なのです。

そして、相互理解を図れるとチームの生産性を上げられます。

以上のように、誰かと一緒に仕事をする、あるいは仕事をしてもらうには、オフィシャルとアンオフィシャルの両方でフレンドリーな関係をつくっておくことが重要だと実感しました。

人間は「決まりだから」「契約があるから」というだけでは動きません。これは、世界共通です。

協力関係をつくるには、普段から自分のいいところや、「私とつき合ったら、こんなにいいことがあるぞ」という情報を発信することも大事です。食事に招待するだけではなく、一緒に散歩やスポーツを楽しんだり、1対1で会って話をするのも社内外交の一つです。そうすれば、いざというときの自分の味方をつくることができるのです。

これは、国の外交も個人の付き合いも同じです。

問題が起きたときは、お互いにフェイス・トゥ・フェイスで話し合って解決するのが基本です。だから、メルケル首相とプーチン大統領も必ず会って話して、食事会を開いています。それが大事なのです。おそらく腹の中では「こんなやつ、冗談じゃない」と思っている部分もあるでしょうが、仲良しクラブではないので、どんなに意見が合わなくてもディスカッションを避けません。

日本の中だけで仕事をしていると、あまりピンとこないかもしれませんが、私はドイツに行って超マイノリティの立場に置かれたことによって、外交の重要性を学びました。

「横のコミュニケーション」を強化する

ドイツはアメリカほどではありませんが、移民国家です。サッカーのドイツ代表も半分ぐらいは親がドイツ以外の国から渡ってきた移民だったりします。

したがって、社内外交の仕方も上手です。私がドイツでいいなと思ったのは、まったく違う部署の人同士がランチを食べることです。これは日本ではあまりない光景でしょう。部長レベルだと他部署同士の交流をしているかもしれませんが、現場の人間レベルでの接触はほとんどないと思います。ドイツは、役職に関係なく誰もが他部署の人と普通に交流しているのです。

それも、会議ではなく、ランチをしながら気軽に情報交換をしているところがいい。そのほうがフレンドリーな関係をつくれます。メッツラー社は、会社がファミリーなカルチャーを持っていましたから、みんなが自然とそういうことをやっていました。

風通しのいいコミュニケーションをすれば生産性は上がります。これはひじょうにいい企業カルチャーで、日本人でもとても馴染みやすいものだと感じました。

クライアントとの関係を築くのも、外交手腕です。少々無理なことを言えるような関係を普段からつくっておくと、何かあったときに役立ちます。

たとえば納期に間に合わないときに、「ごめんなさい。2～3日遅れます」と言っても納得してもらえるような関係を普段からつくっておく。こういう素地があると、残業をしてまで仕事を間に合わせなくてもよくなります。

メッツラー社では、社内のコミュニケーションとしてグループアドレスでも情報を共有していました。

日本でもグループアドレスで情報共有をしている企業は多いですが、ドイツのほうが日本よりもっと機動的に使っているような感じがします。

メッツラー本社には相当数のグループアドレスがあります。チームAなら、Aにアカウントを登録している全員のところへ、チームBならBの人たち全員に情報が行きわたる仕組みです。グループアドレスをつくっておけば、何もしなくても情報が共有できるのです。

これも生産性を上げる方法の一つです。

おもしろいのは、グループアドレスで誰かが休んでいると知ったとき、「俺がやるよ」「私が代わりにやっておくわ」とみんなが自発的に仕事を引き受けていたことです。

普段は「自分のアサインメントはこれ」「これは、私の仕事じゃない」と言うのに、誰かが休んでいたら何も言わなくても協力してくれるのです。

ドイツ人は一見、「自分の庭」だけにしか関心がないのかと思われがちですが、あらかじめ理解を得ておけば、こうしたチームワークが自然にできます。助け合いの精神に洋の東西はないと度々実感しました。

「今いる場所の言葉」で話す

ドイツに住むようになってカルチャーショックを受けたことの一つに、会話をしているときのコミュニケーションの取り方がまったく違うということがあります。

日本では、会話をするときに相槌《あいづち》を打ったり、メモを取ったりすることで「あなたの話を聞いていますよ」という姿勢を示せます。

ところが、ドイツでは真逆。相槌はたまに「ああ、そうだよね」「イエス」と打つぐらいで、基本的には黙って頷《うなず》く程度です。日本人のように、「ええ」「そうですか」「素晴らしい」などと豊富な相槌のバリエーションはありません。私も最初は、「話を聞いてくれているのかな」と不安になりました。

ドイツでは、相手が話している間は、話を遮らないのが鉄則です。できるだけ最後まで話をさせてあげるのがいいとされているので、頻繁に相槌を打つと、却って機嫌が悪くなります。

また、相手が話している途中でメモを書きだすと、場合によっては相手が不快に思います。「しっかり自分の話に集中してもらっていない」と感じるからです。

これが、日本となるとまったく様相が異なります。

私が日本で日本の銀行に勤務していた時は、仕事中に上司にいきなり呼ばれた際にはまずペンとメモを持参して伺ったものです。さもないと「俺の話を真剣に聞くつもりがないのか？」と怒られます。

ドイツ人の中には話しはじめると、とめどもなく話を続ける人が結構います。そのような体験をすると、日本のコミュニケーションの細やかさが身に沁《し》みます。

話し出したら途中で止めない限り、何十分でも話すこともあります。クライアントを連れている場合は、クライアントの欲しい情報を引き出さないといけないので、話が途切れた瞬間に、「ところで、Aさんはこの案件で気になっていることがあるんです」と、自分から入って行かなければなりません。話の切れ目に会話を挟むテクニックを身につけました。

日本でも話の長い人は多いので、同じ気苦労を抱えている人はいるでしょうが、ドイツ人は話を遮るとあからさまに不機嫌になるので気を遣わないといけませんでした。

皆さんも海外に行く時は、なるべく現地のコミュニケーションに合わせるようにするのをオススメします。

文化の違う人たちとコミュニケートするために大切なのは、下手でもいいから、その国の言語で話すということです。日本人も英語で話されるより、たどたどしくても日本語で言われたほうが親近感がわき、何とか理解してあげようという気になります。

それは、ドイツや日本など英語圏以外の人種が共通して持てる感情でしょう。あえてドイツ語でしゃべろうと努力すると、相手は評価してくれます。なぜなら、彼らも日本語は話せないので、私が努力していることをわかってくれるからです。

「通じるなら英語でいいじゃないか」ではなく、現地の人たちと仕事をするためには、完《かん》璧《ぺき》ではなくても、現地の言葉、文化、歴史を理解しようとする姿勢が大事なのです。

第3章

退社時刻を決める、優先順位を考える【時間管理】

時間は「コントロールするもの」

生産性を上げるには、時間の管理が肝になります。

ドイツには「Pünktlichkeit ist alles.（時間厳守がすべてだ）」という格言があるぐらい、時間には厳しい民族です。その割には、電車は定刻通りに来ませんし、郵便物もいつ届くのかわからないのが謎ではありますが……。

ビジネスでも始業時間ピッタリに来ない人はいても、商談やミーティングなどは時間通りに始まります。そういう場に連絡もなしに遅れたら、評価は間違いなく下がります。

たとえば、「9時集合」と言われたら、日本人とドイツ人は同じように9時5分前に来ています。ほかの国の人はもしかしたら、9時半に到着しても悪びれずに、「それで、どんな話になっているんだい？」などと言うことも普通にあるかもしれません。

それぞれの国で文化やルールは違いますが、時間厳守において日独は価値観を共有しているように思えます。時間管理に関しては、ドイツ人も負けていないのです。

金沢大学の言語学者である西嶋義憲《にしじまよしのり》教授の「労働関係語彙《ごい》の日独比較」という論文に興

味深い例が紹介されています。

西嶋教授は、たまたまドイツ人留学生と日本人学生が総選挙について話しているのを聞いたことがあるそうです。

ドイツ人の留学生から「昨日の総選挙には行ったの？」と聞かれて、「忙しかったから行かなかった」と日本人の学生が答えると、「『忙しかった』と言うけど、それはかなり前からわかっていたことじゃないの？」とドイツ人に言われて、日本人は何も答えられなかったそうです。

「忙しかったから、できなかった」は日本人がよく使う言い訳です。日本ではそれを言われたら、「それなら仕方ないね」で済ませますが、ドイツでこの言い訳を使っても通用しません。

なぜなら、ドイツ人は自分で時間を管理するのは当たり前だと考えているからです。その日に忙しくなるのがわかっているなら、そうならないように時間をやりくりするのがドイツ人。プライベートでもダラダラ時間を消耗するということはありません。

ドイツ人の生産性が高い理由は、こういうところにもあるのだと思います。

ドイツでは時間管理が国の政策にも関係しています。

育児休暇を定めた「親時間法」、介護のために労働時間を減らすことを定めた「家族介護時間法」など、法律の名前に〝時間〟がついているのです。これは国民には個人の時間を確保する権利があるという表れかもしれません。

ドイツでは、会社でも店でも公共施設でも、始業時間も終業時間もきっちり守ります。閉店間際の店に入ると、露骨に嫌な顔をされることもあります。日本なら、そこで「このお客様に買ってもらったらさらに利益が出る」と考えるところですが、ドイツ人は利益よりも自分の時間のほうが大事なのかと感じる場面が多々ありました。

1994年に施行された「労働時間法」によると、1日の労働時間は8時間を超えてはならないと定められています。企業の状況によっては、1日に最大10時間まで、週に60時間まで働いてもいいということになっています。

一般企業だけではなく、農家やベーカリーなどの生産者であっても1日8時間労働を守らなくてはなりません。ただ、雇用する側としては繁忙期などはそうも言っていられないのが実情で、8時間を超えて働くこともあります。しかし、それすらも問題視されているのです。

ドイツがそこまできっちり時間を守るのは、やはり法律で定められているからでしょう。時間のルールを守ることに関しては、ドイツは世界有数かもしれません。

これを聞く限りでは、日本でも1日8時間労働、週に40時間と決まっているので同じだと思うかもしれません。

違うのは、企業がそれに違反した場合の罰則です。

ドイツでは労働安全局が抜き打ちで検査して、企業が労働時間法に違反していたら経営者は最高1万5000ユーロ（200万円弱）の罰金を払わなくてはいけないのです。場合によっては、経営者は最高1年間の禁固刑を科されます。

一方日本でも労働基準監督署があります。労働基準法に違反した場合の罰則は罰金から懲役まであります。しかし、労働量を減らすことを考えずに、規制を強化することだけでは労働時間の効率化が図れるとは思えません。

多くの日本人は時間に流されているのではないか、と私は感じています。仕事に追われている時点で、受け身になっているのではないでしょうか。

「仕事に追われるな、仕事を追え」とよく言われますが、実際にはそうなっていない人が大半ではないでしょうか。それは、一人ではさばききれない仕事を任されているからだと考えているかもしれませんが、他の人に任せるなり、省略できる仕事は省くなり、コントロールする方法はいくらでもあります。

時間をコントロールすることは、自分の人生をコントロールすることにもなります。

ためしに、「今晩中にこの資料をつくらないといけない」と思っているのなら、あえてその作業をやめて、今晩は自分のやりたいことをやってみてください。そのほうが気持ちの切り替えができて、翌日は意外と作業がスムーズに進むかもしれません。

本当に今日中にやらなければならない仕事はめったにないものです。そう思い込んでいるだけで、実際には融通の利く仕事が大半ではないでしょうか。

「残業をしたら評価が下がる」と考える

1、残業が多くて成果を上げている人
2、残業が多くて成果を上げられない人
3、残業が少なくて成果を上げている人
4、残業が少なくて成果を上げられない人

日本では往々にして、1→2→3→4の順で評価する上司が少なくないでしょう。

ドイツでも成果を上げれば評価されますが、休暇も取らずいつも大残業をしている（1と2）となれば、働き方に疑問を投げかけられることもあります。

残業するもしないも本人の問題ですから、何時間残業していても注目されません。日本のように「いやあ、この3日間寝てないんだよ」と「寝てないアピール」をしたら、「この人は、とんでもなく仕事ができないんだろうか」と思われることもあります。

日本では長時間働く人や多忙な人は、偉いというイメージがあります。

確かに、自分の時間を犠牲にしてまで一生懸命働くことは、日本では尊い行為だと思われています。しかしヨーロッパではこの逆の考え方で、残業までして長時間働く人は無能だと捉《とら》えられてしまいます。だから残業するのを徹底して避けるという事情もあるのです。

とはいえ、ドイツでも経営者や管理職、自営業者は長時間働いています。彼らは給料が高いので、責任も仕事量も増えるのは当然です。

日本は一番給料が安い新入社員が一番働くあたりが、ドイツとはまったく違います。給料が安い人は責任も仕事量も少なくなるのは当然だというのが、合理的なドイツ人の考え方なのです。だから「安い給料でこき使われる」という不満が出ないのでしょう。

私が勤めていたメッツラー社では朝9時半ごろから仕事を始めて、12時から13時がランチ、13時から仕事を再開して17時半なり18時に終わらせるというのが一般的でした。日本の企業と大差ありませんが、仕事に対する集中力は日本人以上です。

日本の企業では、上司の目を盗んでネットサーフィンをしたり、給湯室でおしゃべりしている人もいますが、ドイツではそういう光景はほとんど目にしませんでした。仕事中でも周りの人と談笑ぐらいはしていましたが、それもすぐに終えて仕事に戻ります。コーヒータイムやランチ以外は、ずっと仕事に集中していました。

要は「ダラダラ仕事をする」ことがほとんどない。これが残業を生み出さない大きな理由の一つであると私は思いました。

徹底して仕事に集中するのは、定時で終えて家に帰ってプライベートの時間を楽しみたいからでしょう。何しろ、ドイツ人にとっては働くほうが〝特別な〟ことですから。

毎日、朝から晩まで仕事をしないと終わらないと考えている日本のビジネスパーソンは大勢います。

果たして、本当にそうなのでしょうか。

営業マンが日中にインターネットカフェや公園などでサボっている姿を見かけることもあります。その分、どこかにしわ寄せが行くだけで、時間が足りなくなるのは当然です。

また、商談で世間話をダラダラしている時間が長かったら、それはやはり時間のロスになります。

自覚していないだけで、実はかなりの時間を浪費している人が多いのです。

スウェーデンでは数年前に、６時間労働を取りいれる社会実験を行って注目されましたが、実はその先駆けとなったのはスウェーデンにあるトヨタのサービスセンターでした。

もともとそのサービスセンターでは８時間勤務だったのですが、従業員にかかるストレスが大きく、現場でのミスが多発して顧客からのクレームも多かったそうです。

そこで、２００２年に６時間勤務に変えたところ、ストレスが減って従業員の健康は改善され、生産性が向上し、利益率は25％増加したのです。

さらに、従業員が家族と過ごす時間が長くなり、通勤ラッシュに巻きこまれることもなくなったため、ワーク・ライフ・バランスが大幅に向上したといいます。

まず、今日は17時、あるいは18時に帰ると決める。

そして、時間になったら仕事が途中でも帰る。

これを実践してみると、仕事のスピードが上がるのではないでしょうか。

18時で終わらないときに「もう少しやっていくか」と思ってしまうから、残業をなくせないのです。

いきなり残業をなくすのが難しいのなら、「昨日より10分早く帰る」と心がけるだけでも、少しずつ減らしていけます。残業している限り仕事ができる人間にはなれないのだと思い、ノー残業を目指してみてください。

それは自由度が高いようで、自分にすべてが跳ね返って来るので、厳しい環境です。日本のように隠れてサボって成果を出せなくても許される環境は、本当はやさしい世界なのだと思います。

メールにかける時間は短縮できる

一般社団法人日本ビジネスメール協会「ビジネスメール実態調査２０２０」によると、

ビジネスメールを1通書くために費やす平均時間は「5分54秒」。また、1日に送信するビジネスメールの平均は「14・06通」でした。

パッと見るだけではそれほどメールを送っていないので、時間がかかっていないように感じます。しかし、5通作成するのに1通あたり5分なら計25分。1日平均の14通を書くためには70分はかかるので、これはかなりの時間のロスです。

そういうちょっとした時間が積もり積もって、残業に結びつくケースが大半ではないでしょうか。

日本のビジネスパーソンは、無自覚のまま時間をムダに使っていることが多いような気がします。私自身、日本の企業では融通の利かない仕事ぶりでした。これはメッツラー社に入社して改めて痛感しました。

私がメッツラー社のドイツ人の同僚に投資成績のデータを東京宛てに送付してほしいと依頼すると、まったく違ったデータを送ってくることがたまにあります。

こちらから「送られたデータが違うよ」とメールすると、翌日の返信で、「では、こちらのデータを受け取ってください」の一言しか書いていなかったりします。おそらく、メールを書くのに1分もかかっていないでしょう。

ドイツ人は「正しいデータを送ればいいのであって、それ以上の言葉は不要」と思っている節があります。これは同僚という間柄に限らず、相手がクライアントであっても、謝罪に多くの言葉を費やしません。クライアントもデータを受け取れればいいので、謝罪の言葉がなかったとしても気にしません。

日本なら、「ご迷惑をおかけしてしまい、大変申し訳ありません」「お手数をおかけしますが、昨日のデータは削除していただけるでしょうか」「今後はこのようなことが起きないよう、注意いたします」という謝罪の言葉を丁寧に書くので、時間がかかります。日本は敬語の使い方も複雑なので、「〝申し訳ありません〟だと軽いから、〝申し訳なく存じます〟という表現のほうがいいかな」などと迷ったりして、余計に時間がかかるのです。

これはドイツと日本の習性の違いとしか言いようがありません。日本人の考えるような謝罪は何かを補償することにもつながるので、ドイツでは余程のことでもない限りはできないという面もあるでしょう。

日本では簡単な謝罪メールを送るのは難しいと思いますが、普段のメールなら冒頭の挨《あい》拶《さつ》文を短くするなど、もっとシンプルなメールにできるように感じます。1通のメールにかける時間が1分減るだけでも、トータルではかなりの時間のロスを防げるはずです。

ドイツ流「隙間時間」の使い方

メッツラー社の上司の机の上には、石の置物が置いてありました。

ある日、上司から「この石に刻まれている言葉の意味がわかるか」と聞かれました。

そこに彫ってあったのは「Carpe diem（カルペ・ディエム）」という文字。私はさっぱりわからなかったのでそう告げると、それはラテン語なのだと教えてくれました。

紀元前の古代ローマ時代の詩人ホラティウスの詩にある一句で、「その日の花を摘め」と解釈されるようです。

「その日の花を摘め」とは、今のこの時間を大切にせよ、今を楽しめ、という意味で、「課題を先送りすることなく、今取り組もう」「効率的に働こう」と解釈しているのだと、上司は話してくれました。ハードワーカーの上司らしいな、と感じたエピソードです。


効率的に働くことに情熱を燃やすドイツでは、就業時間中は隙間時間も最大限に活用します。

欧米の映画やドラマを観ていると、車を運転するときにハンズフリーイヤフォンをつけて、取引先と会話をするようなシーンが出てきます。私もメッツラー社に入って、これを体験しました。社用車にハンズフリーの電話が装備され、アウトバーン（高速道路）を運転しながら電話会議に参加したこともあります。移動時間でも効率的に仕事ができる環境を整備する会社の方針です。

ちなみに、日本ではハンズフリーで電話しながらの運転は禁止している自治体が多いようです。理由は集中力が落ちて事故が起きやすくなるから。

ドイツは日本と違って首都圏に主要企業が集中していないので、地方への出張は頻繁にあります。フォルクスワーゲンやライカの本社も周りに何もないような地方都市にあるのです。アウトバーンを使っての移動が多いので、その時間もムダにしないという考え方なのです。

この移動中の電話会議はたいへん効率的です。たとえば日本だったら商談のときは担当者以外に課長や部長も出席し、新人社員も参加して、互いに4～5人ずつ並んで話をすることはよくあります。しかし、発言をするのはたいてい1人か2人。新人社員は一言も発しないので、参加するだけ時間のムダです。これも生産性を奪っている日本の習慣だといえます。

電話会議なら担当者同士のやりとりで済むので、他の社員の時間を奪うことはありません。車に乗りながら話すのはともかくとして、日本でも電話会議で済むような場面はかなりあるでしょう。電話なら相手に見えないので、ランチをしながらでもできます。これも効率的な仕事の進め方の一つです。

残業を「貯金」する

時は金なり。

この考え方は古今東西同じのようで、ドイツ語でも「Zeit ist Geld（時間はお金である）」ということわざがあります。

そして面白いことに、ドイツには本当に「時間をお金に換える」ような法律があります。それは「労働時間貯蓄制度」です。

ドイツ人も残業をまったくしないわけではありません。ただ、その残業を常態化しないために仕組みをしっかりつくってあるのです。

労働時間貯蓄制度は残業した時間を労働時間貯蓄口座に貯めておき、ある程度貯まったらたとえば有給休暇として使える制度です。まさに時間をお金として考えているのだといえるでしょう。

口座に貯められる残業時間や清算するための期間は企業ごとに異なり、なかには育児や介護のためにまとめて使う人もいます。ダイムラーでは子どものいる女性がキャリアを諦《あきら》めないためにこの制度を利用するそうです。あるマネージャーの女性は、出産後はフレックスと短時間勤務を組み合わせて週4日働き、残業することがあれば口座に貯めて他の日に使うそうです（NIKKEI STYLE 出世ナビ「残業した時間『ためて休む』ドイツ先進職場の働き方」、２０１５年12月7日）。

この口座があれば、子どもの授業参観や運動会などの行事の時にちょっと仕事を抜け出して戻ってくることもできるでしょう。日本にも是非導入してもらいたい制度です。

ドイツも元々は残業代を支払っていたのですが、１９９０年代に労働時間貯蓄制度にシフトしていきました。

企業としては、残業代はなるべく支払いたくない。働く側としては、残業代をもらえないのならさっさと帰りたい。両者のニーズが合致して、定時になったら即帰る習慣が身についたようです。

そして、定時に帰るためには就業時間内に仕事を終えなくてはならないので、自然と生産性が高くなります。残業代をもらえないなら、サービス残業に甘んじる日本とは大きな違いです。

サービス残業は、言葉は悪いですがタダ働きなので、会社にお金を支払っているのと同じです。給料は変わらないのではなく、実質減っているのです。

ドイツには生産性を向上するという意味で「より少ない労働で、より多い業績をあげる（Weniger Arbeit, mehr Leistung）」という標語があります。「より少なく働き、より業績を（Weniger arbeiten, mehr leisten）」という言葉もあり、最小限の時間で最大限の結果を出すことがドイツではよしとされているのです。

お金の浪費は稼げば取り戻せますが、人生の浪費は取り戻せません。

皆さんも、これ以上自分の人生を浪費しないために、〝時間ケチ〟になり、より少ない時間で労働できるように働き方を見直してみてください。時間が無制限にあると考えると、どうしても生産性は落ちます。

日本電産の永守重信《ながもりしげのぶ》会長は、「2020年度までに残業ゼロを目指す」と公言されていましたが、もともと永守氏は「土曜も日曜も朝も夜もない、起業家は人の何倍も働かないといけない」と考え、朝は4時に起き、1日16時間も働くことで有名です。

ところが、企業が成長し、海外企業を買収するようになってから、外国人の働き方が日本とはまったく違うことに気付いたのです。欧米では定時になると誰もいなくなるし、ドイツ人は1カ月ぐらい休暇を取ってしまう。それでも利益をしっかり出すので、日本も海外のような働き方に変えないと世界で勝てないと悟ったのです。

永守氏自身が会社にいるとみんな帰らないので、早く帰るようになったといいます。最初は奥様に「早く帰ってこられたら困る」と迷惑がられていたそうですが、今は理解してもらえたとインタビューで語っていました。

結局長い目で見ると、労働時間が長くて労働条件が悪いと社員の士気は落ち、評判も悪くなって企業は衰退していきます。

既に大企業は海外でも事業を展開している関係で、残業ゼロにするよう積極的に取り組んでいます。その波は、中小企業にも必ず来るでしょう。

その時になってから残業を減らせないとなると、評価が下がる恐れもあります。今から「残業をしない習慣」を身につけておいたほうが、ゆくゆくは自分を助けることになるのではないでしょうか。

「静かな時間」が生産性を上げる

ドイツには、「Ruhezeit（ルーエッツァイト）」と呼ばれる時間帯があります。ルーエッツァイトとは「静かな時間」という意味です。

平日は夜の22時から朝7時までと昼間の13時から15時まで、土曜日は19時から朝8時まで、休日と祝日は全日、騒音をたててはいけないという法律です。とはいえ、自治体によって厳格に守っているところもあれば、ほとんど機能していない地域もあります。

この「騒音をたててはいけない」のレベルが、なかなかすごい。「音楽をガンガンかけて騒いだらダメ！」という話ではなく、掃除機や洗濯機を使うのもダメ、夜はシャワーを使うのもダメなのです。庭の芝の手入れには余念のないドイツ人も、この時間帯は芝刈り機をかけられません。

なかには、外に置いてあるガラス瓶専用のゴミ箱に、ルーエツァイトの時間帯は使用禁止と書いてある場合もあります。捨てるときの「ガシャン！」という音がうるさいから、というのがその理由のようです。

一軒家の場合はそれほどクレームを受けることはありませんが、アパートではルーエツァイトを守らないと大家や隣人からすぐに苦情を言われます。ドイツのアパートは石造りやレンガが多いので、日本の建物以上に音が響きやすいのでしょう。

私もアパートに住んでいた時期があるのですが、子どもが小学校に入る前だったので、室内を走り回ることがありました。ある夜、子どもが寝付かずに走り回っていると、ドアがノックされました。出てみると、パジャマ姿の階下の住人が、怖い顔をして立っています。

「うるさい、静かにしろ！　何時だと思っているのか！」と怒鳴られるのかと思いきや、冷静に「少し静かにしてもらえないか。あなたは明日仕事がないかもしれないが、私は朝早く起きなくてはならないんだ。理解してくれ」と言われたのです。

「夜は静かにするのが常識だろ！」と感情的に怒鳴りつけるのではなく、自分の事情を話して理解を求めるあたり、なるほどと思わせる出来事でした。

同時に、「小さい子だから仕方ない」で済ませてもらえないのもドイツならではです。第１章で書いたように、ドイツでは小さいころから子どもを厳しく律しているので、子どもを躾《しつ》けるのは親の役目。夜に走り回らないように躾けるのが当然だ、という考え方なのです。

夜間だけではなく、ルーエツァイトは休日の昼間であっても楽器の演奏もできなければ、日曜大工もできません。ドイツでは休日に何時間も散歩に出かける人が多いのですが、家にいて騒音を立てないように神経をとがらせたくないから、という事情もあるのかもしれません。

妻がパンをつくろうとして、生地をこねたり、台所の板に強く生地をぶつけたりしていたところ、休日だったこともあり、直ちにお隣からクレームが入ったこともあります。ただし、「うるさい！　やめろ！」ということではなく、「何をしているのですか？　それはあと何分で終わるのですか？」という極めてフレンドリーな質問でクレームを受けたのです。

ドイツ人が騒音に対して厳しいのは、静けさを好むという性質もあるのでしょうし、休息をしっかり取りたいから、という理由もあるのでしょう。

最初はルーエツァイトにストレスを感じていても、慣れてくると静かな時間もいいものです。日本は休日の朝からテレビをダラダラ見て過ごす人も多いでしょうが、ドイツではアパート暮らしだとテレビの音も苦情のもととなります。テレビから離れて戸外に散歩やハイキングに出かけたほうが健康的でもあるので、強制的であっても静かな時間をつくるのは理に適っています。

もしかすると、こういう習慣も高い生産性に結びついているのかもしれません。

静かにする時間が決まっていたら、それまでに掃除や洗濯を終えようという意識になります。土曜までに家事などはすべてすませて、日曜はゆっくり休もう、というメリハリも生まれます。

日本では朝活や昼活のように、空いている時間を利用してビジネスのスキルを身につけたり、英会話を習う人もいます。ドイツにもいるのかもしれませんが、私は見かけたことがありません。ドイツ人は、朝は散歩やジョギングをしている人もいますが、みんなで集まって何かをするということはないのです。ランチも社内の人間と仕事の打ち合わせをすることはありますが、勉強をする人は見かけないので、日本人ほど仕事にすべての時間を捧《ささ》げていません。

朝活や昼活という言葉を聞くと、日本人は勤勉なのだとつくづく感じます。ただ、自分の人生を楽しむための活動ではなく、仕事が主体になっているのではないでしょうか。

仕事のスキルを上げるためにプライベートの時間も勉強に費やすのであれば、実質仕事をしているのと同じです。そこまでして仕事の生産性を上げようとしているのは日本人ならではかもしれませんが、ドイツ人のように休むときはしっかり休んでオンとオフを使い分けるほうが、実は生産性は上がるものなのです。

ドイツ流、仕事の優先順位のつけ方

私の直属の上司であるゲアハルト・ヴィースホイ氏は、メッツラー社のパートナー（経営陣）であり、日独産業協会の理事長でもあります。日本に駐在していた時期もあるので、日本でもよく講演会に招かれています。人脈が広く、メルケル首相と一緒に政府専用機に乗って日本に来るような人物です。

彼は「時間の達人」と言っても過言ではないほど、時間のマネージに長《た》けた上司です。1日を30時間分利用しているのではないかと思えるほどです。スケジュールは1年先まで埋まっているような超多忙な状況なので、社内でつかまえるのが大変でした。

私が「ミーティングのために30分時間が欲しい」とお願いすると、快く引き受けてはもらえるものの、3回に1回ぐらいしか実現しません。いつも、より緊急な用事が入ってキャンセルになりました。

私がすごいと思ったのは、会社の経営陣の社内ミーティングであっても、ドタキャンを普通にしているところ。日本の企業だったらトップレベルの会議はしっかりスケジュールを確保しておいて、他の案件を別の日に回すでしょう。彼は意に介さず、時に顧客の案件を優先させていました。

トップのスケジュールを変更することは容易ではなく、あちこちに連絡を入れて調整し直さなくてはならないのですが、彼も秘書もそういう作業を粛々と進めていました。

もちろん、それができるような関係性を日頃から築いているのでできるのでしょう。仕事の優先順位をフレキシブルに変えつつ対応できるのが、エリートビジネスパーソンの仕事の進め方なのだとつくづく実感しました。

ただ、ヴィースホイ氏のような仕事のスタイルは、ドイツではエリートに限られるかもしれません。現場では、「後から仕事を追加する」というのは、なかなか骨が折れる作業になるのです。

日本では、部下に急ぎの仕事を任せる場面はしょっちゅうあります。「明日の会議までに必要になったから、急いで資料をつくってもらえないか」と頼んだら、部下は渋々であっても、他の仕事を後回しにして資料をつくってくれるでしょう。

ところが、ドイツで部下に急な仕事を頼んだ時には「Ich habe keine Zeit（I have no time）」と上司の命令であってもキッパリ拒んできたので、最初は面食らいました。

ドイツ人はアサインメントがしっかり定められているので、自分の業務の範疇《はんちゅう》ではないことは基本的に引き受けませんし、既に決められたアサインメントを優先させます。明日締め切りの仕事であっても、「それはもっと早くに必要になることがわかっていたのに、なぜ今の段階で言いだすのか。それは自分の問題ではない、マネジメントが悪いあなたの問題だ」という考えになるのです。だから上司からの依頼であっても、無条件に応諾するとは限らない場合もあります。

明日締め切りの仕事であっても最優先させず、既に抱えている仕事を最優先させる。上司の緊急の依頼よりも、自分の今の業務を優先させる。これはドイツ人独特の優先順位のつけ方かもしれません。しかし、「他の仕事を割り込ませない」という方法は、労働時間を減らし、生産性を上げるもっともシンプルな方法でもあります。

そのうえ、ドイツ人は部下から拒まれても、「この部下は使えない」「空気を読めない奴だな」と腹を立てたりしません。そこで好き嫌いの感情を挟まないのが、ドイツ流の生産性にも関係しているように感じます。

相手に腹を立てると、「もうこの部下に仕事をなるべく任せないようにしよう」などと、一気に非生産的な考えに傾いてしまうのが一般的な日本人です。その分、自分で仕事を抱えてしまったら、仕事が増える一方で余計に時間がかかります。

加えて、「部下の○○が、この間こんなことを言って」と同僚や上司にグチをこぼしたりしたら、それもムダな時間です。終わったことにいつまでも腹を立てていたところで、生産性には結びつきません。

だから、ドイツ人のようにNOと言われたら、「仕方がないな」と即諦めて、「次は早めに頼むようにしよう」と考えるほうが得策です。

そうではなく、別の部下に「ごめん、これ、明日までにやっておいてくれる？」と頼む方法を選び続けていたら、生産性は上がらないのではないでしょうか。

私もドイツ人の部下に拒まれて、初めて「確かに、もっと早い段階で必要になると判断できたな」と気づきました。部下も早い段階で仕事を追加でお願いする分には対処してくれます。

どんなに気を付けていても突発的な仕事は発生しますが、たいていはもっと早い段階で対処できるはずです。それに気づけるのが、生産性を上げる第一歩なのです。

「集中を乱すもの」を排除する方法

メッツラー社では、フロアにパーティションがありませんでした。フロア中を見渡すことができるので、コミュニケーションが取りやすくなるというメリットはあるのですが、仕事をするときに集中しづらいというデメリットもありました。

まず、あちこちで同時に電話をしていると、やはり気になります。

私は元々地声が大きいということもあるのですが、電話で日本と話していると、「悪いんだけど、ちょっと声を落としてもらえないか」とよく周りの人から言われました。日本語だと何を話しているのかがわからないから、余計に雑音に聞こえたのでしょう。

ファンドマネージャーたちはとにかく相場に集中して考えなければいけないので、デスクに備え付けられているヘッドフォンをつけて仕事をしていました。最初、その姿を見た時は「音楽を聞きながら仕事をしているのかな？　優雅だなあ」と思ったものですが、周りの音をシャットダウンするためにつけているのだと知り、「なんて合理的なんだろう」と感心しました。

静かに仕事をするためのスペースをつくるという方法もあるでしょうが、それよりも社員にヘッドフォンを配るほうがコストは抑えられます。しかも、どこでも集中できる。

日本の会社ではヘッドフォンをつけていたら、「仕事中に音楽を聞くんじゃない！」と叱られるかもしれません。どんなに周りの音をシャットダウンするためなのだと説明しても、「もしお客様が来た時にそんな姿を見たら、『この会社は音楽を聞きながら仕事をしているのか』と不愉快に思うかもしれないだろ？」と上司に拒絶されるだろうことは想像に難くありません。私も日本の銀行に長年勤めていたので、日本企業の同調圧力のかけ方は身に染みてわかっています。

また、日本ではコミュニケーションをよくするために大部屋にトップの取締役や本部長クラスの人が座り、その前に部長、次長の席があるのは一般的ですが、ドイツでは役職についている人には大体個室が与えられ、管理職は個室で集中して仕事をします。

私の上司は、重要な仕事や機密性の高い仕事をしているときは、ぴったりと部屋のドアを閉めていました。だから、ドアが閉まっているときは絶対にノックしません。要するに「私は今、真剣に集中している」というメッセージなので、ドアが閉まっているときは〝ドント・ディスターブ〟です。

逆に、ドアが開いていると「いつでもどうぞ」というメッセージなので、そういうときを狙って、ノックをして「いいですか？」と入っていくようにしていました。

そういうわかりやすいメッセージを送ってもらえると、部下としては「今、声をかけないほうがいいかもしれない」などと忖度《そんたく》しないで済むので助かります。

私が近年日本とのメールのやりとりで気になるのは、ファイルを送ってくるときに「このパスワードを入力して開けてください」と言われることです。これは、ファイルを開ける側はほんの数秒であっても手間がかかりますし、送る側はパスワードを設定するのにも時間がかかるので、「すべてにおいてパスワードブロックをする必要がどこまであるのだろうか」と思うことがありました。

少なくとも私が勤務しているときは、ドイツではすべてのファイルにパスワードをつけるようには義務づけられていませんでした。確かに選択的に行うことは日本では難しいのかもしれませんが、このあたり、効率性との関係で何か良い解決方法がないものかと思案する意味はありそうです。

また、ドイツでは長期休暇の際は不在であることを自動返信するようにしています。これは out of office メールと呼ばれていますが、ドイツ以外でも欧米では普通です。長期休暇に限らず、長期出張でしばらくいない間にも設定します。日本でももちろん散見されますが、ドイツほど徹底されていないようにも思われます。

out of office メールはメールソフトで簡単に設定できますが、これも生産性を高める方法の一つです。メールを送った側は担当者が戻ってくるまで待つか、別の対策をとるかをすぐに判断することができます。メールを設定した側も、メールのやりとりに煩わされることもなく、バカンスを存分に味わったり、出張に集中できる。３６５日、いつでもメールで対応できるようにしておくほうが非生産的なのでは、と感じます。

加えて、プレゼンの資料や企画書、報告書、議事録など、日本では文書を作成するための時間がとにかく多い。ドイツでもそういった文書はありますが、必要最低限に止《とど》まっており、たとえば書き込む量が多くならないように項目が限定されていたりします。生産性のない作業に多くの時間を費やすことを、ドイツ人は良しとしません。

社外のプレゼン用の資料はドイツでもパワーポイントなどを使ってデザインに凝ることもありますが、社内用なら簡単に仕上げます。日本では、社内用でもパワポを駆使して凝ったデザインの資料をつくる人がいます。生産性の観点から考えると、本当に必要なのか、疑問です。

そもそも、その書類は本当に必要なのか、誰に何を伝えるものなのかを考えると、実は必要ではないという結論になることもあります。

「今までやってきたから」という理由でなんとなく続けているのは、思考停止に陥っている状態です。ムダな作業をなくすのが、時間を作り出すためにも有効な方法なのです。

ドイツ人エリートは「休み方」の意識が高い

ドイツ人の1年は、長期休暇をいつ取るかを考えるところから始まると言っても過言ではありません。

上司は部下が長期休暇を心置きなく取れるように、全員のスケジュールを調整するのが役割の一つ。もし「自分は最後に取るからいい」と言おうものなら、その上司は部下から尊敬されます。

「Urlaub（ウアラウプ）」はバカンスを意味するドイツ語で、ドイツで暮らし始めてから頻繁に耳にしました。

ドイツでは「連邦休暇法」という法律で社員に対して最低24日間の年次有給休暇を義務づけており、多くの企業では30日間を有休にしています。日本のように「新人だと有休を取りづらい」という空気はまったくありません。ドイツは法律で定められているのなら、どんな立場の人でも権利を行使するのが当然だという考えなのです。

たいていのドイツ人は夏に2～4週間、冬に1～2週間のウアラウプを取り、家族で海外旅行に出かけます。きっちり有休を使い切るのがドイツ人です。

　普段はあまりお金を使わないドイツ人も、ウアラウプに関してはお金を惜しみません。ドイツは海外旅行者数が世界トップクラスで、カナリア諸島やクレタ島、イタリアやスペインなどの地中海《ちちゅうかい》沿岸やアフリカに出かけてのんびり過ごします。ドイツは寒い国なので、暖かい場所に憧《あこが》れがあるようです。日本人のように複数の国の観光名所をあちこち巡るというより、同じ場所に２～３週間滞在してハイキングやサイクリングなどをして過ごすのが主流です。

　ウアラウプ中の仕事は別の担当者が引き継いでいるものの、その担当者でしか対応できない仕事も時折あります。そういう場合は、ウアラウプから担当者が戻ってくるまで待つしかありません。本人に携帯で連絡を取ろうとしても電話に出ませんし、メールを送っても「ソーリー、１日から20日まで休暇を取っています」といった out of office メッセージが返ってくるだけ。

　日本では休暇中でも携帯やメールに連絡があれば、応じる人が大半です。もしその間に連絡が取れなかったとしても、せいぜい１週間前後の休暇なので待つのは苦痛ではありません。

しかし、ドイツでは2〜3週間待たされるのです。

私も最初は戸惑いましたが、慣れてからは「世の中には、どうしても即座に対応しなければならない仕事はほとんどない」と思うようになりました。日本でも、「これはすぐに対応しないとまずい」と思っている仕事の大半は、1週間ぐらい先延ばしにしてもなんとかなるのかもしれません。

ドイツではベーカリーなどのお店を営んでいる人も、普通に長期間の休暇を取ります。日本ならこれも、「長期で店を閉めているとお客様が離れてしまう」と思いがちですが、ドイツ人はまったく意に介しません。お客のほうも、休みの間は他のベーカリーで買い、再開したらまた元の店で買う。ただそれだけの話です。

経営者や医師でも3週間ぐらい休むこともあります。経営者がそんなに長期間休んでいたら会社は回らないのではと思うかもしれませんが、回ります。日本でも経営者は日頃から会社にいないことも多いですし、優秀な社員がいれば会社は機能するものです。そもそも、自分がいなくても会社を機能するようにしておくのが、経営者の役割でもあります。

ところで、ドイツでは有給休暇と病気になったときの休暇は別です。

日本ではむしろ有休は病欠の時に使うものだという考え方が根強いですが、ドイツでは有休は休養のためであり、病欠とは切り離されているのです。

ドイツでは医師の診断書があれば十分な病気休暇が取れますし、その間の給料もきちんと支払われます。なかにはウアラウプで遊び疲れて、有休が終わって出社する日に病欠を申請して休む人もいます。それでも誰も文句を言いません。休んでもいいと法律で定められているからです。

一方、日本は有給休暇取得率は世界的に見て最低水準で、エクスペディア・ジャパンの調査（世界19ヶ国 有給休暇・国際比較調査２０１９）によると、休みを取らない理由は「緊急時のために取っておく」「人手不足」「仕事する気がないと思われたくない」が上位に挙げられています。また、「上司が有休の取得に協力的」と回答した人の割合は53％。スペインの77％、フランスの73％、アメリカの72％と比較しても相対的に低い水準です（この項目のドイツのデータは不明）。

有休を取りづらいのはまさしく同調圧力があるからですが、誰かが先陣を切って悪しき習慣は断ち切らないといけません。

堂々と有休を取り、その間は仕事関係の連絡は控えてみてはいかがでしょうか。

普段きちんと仕事をしていれば、そのうち周囲も認めざるを得なくなります。

そもそも、自分一人がいなくても仕事は回るものです。たとえば事故や病気で長期入院することになったら、その穴を埋めるために周りがフォローして何とかなるでしょう。重要な商談に出席するはずだった社員が倒れたら、誰かが代理で出るはずです。ピンチのときは乗り切れるのですから、休暇を取るときも引き継ぎだけしておけば本当は問題ないはずです。

時には、休暇が始まるまでに仕事が終わらない場合もあります。日本なら休暇をずらすかもしれませんが、ドイツでは仕事が残っていても休暇に入ることがままあります。残った仕事は周りの人がフォローするか、本人が休暇から帰った後に対応します。それでも周りの人が文句を言わないのは、自分も同じように休暇を取るからです。

ドイツで同調圧力がないのは、「自分も長く休むから」「自分も早く帰るから」と考えているからかもしれません。日本も周りの人に寛容になれれば、もう少し楽に生きられるのではないでしょうか。

第4章

フラットな組織は「スピード」が速い【チーム】

「フラットな組織」と「スピード」の関係

残業を少なくして、生産性を上げるためには、仕事のスピードを上げることも一つの重要なポイントです。

皆さんもそのためにムダな作業を省いたり、一度で済む作業をまとめて行うなど、さまざまな方法を考えていると思います。

ただ、そのように個々のスキルを上げることも大事ですが、仕事をスピーディに進めるには、チームの体質やチーム運営を見直すことが大切です。そして、そのときのキーワードは「フラットな組織」です。

私がメッツラー社に勤務して、「仕事がしやすいな」と感じた点の一つは、社員相互のヒエラルキーが限定的で、組織構造がフラットに近く、風通しが良いところです。

欧米の企業では、ミスター、ミスなどつけずに、ファーストネームで呼び合うことがあります。ドイツでも会社によって違うようですが、私のいたメッツラー社では同僚同士が気軽にファーストネームで呼び合っていました。さすがに、トップ経営陣であるパートナーをファーストネームで呼ぶ同僚はいませんでしたが。それでもパートナー同士はファーストネームで呼び合っていました。

何よりメッツラー社らしいなと感じるのは、当主の呼称です。社外に対しては、ヘア・フリードリッヒ・フォン・メッツラー（Herr Friedrich von Metzler）なのですが、社内では、皆から心からの敬愛を込めてエフエム（ＦＭ）と呼ばれていました。「エフエム」はメッツラー社では特別な意味合いの言葉です。

ほんの些細《ささい》なことですが、こうしたことには、過剰な上下関係をなくし、組織をフラットにする効果があります。

日本とドイツが大きく違うのは seniority、つまり「先輩後輩」に対する考え方です。日本では上司と部下の上下関係、同僚同士でも年齢や入社時期などがとても重視されますが、ドイツ人に限らず一般に外国では無関係です。自分より年上だから、1年先輩だからといった理由で、へりくだったり、逆にいばったりするということは一切ありません。

ＴＰＯはもちろんわきまえますが、会議で自分の意見を言うのに、上だから、下だからという理由で躊躇《ちゅうちょ》はしません。比較的オープンに何でも言える雰囲気があるのです。

たとえば、日本の会社であれば、主任、係長、課長、次長、部長、本部長、常務、専務……と肩書があり、ステップアップしていくことになっています。そして、社内では名前だけを呼ぶのではなく、「鈴木《すずき》部長」「山田《やまだ》課長」、あるいは名前を略して「部長」「課長」と肩書で呼びます。

これがヒエラルキーを強固にしている元凶なのかもしれません。個人ではなく肩書を評価しているようなものなので、意識しなくても上下関係ができていきます。だから、社内でいざ何か話そうとしたときも、杓子《しゃくし》定規でガチガチの話し方しかできなくなってしまいます。

そして、組織がフラットでないと意見を言いづらいので、周りは忖度《そんたく》して、「部長にこんな報告をしたら叱られる」と、言いたいことを取捨選択するようになる。これが生産性を阻害する要因になっているのです。

私は、ドイツ人は概して、権威にひじょうに敬意を払う民族だと思います。その点は日本人とよく似ています。ただ、上司の存在は日本ほど絶対的ではなく、あくまでもその地位は単なる〝役割〟でしかありません。

ドイツでは、日本のように、一斉採用で入社した複数の同期から原則として役員が選ばれるということは一般的ではありません。したがって、「出世のために上司に気を遣う」などという考え方はあまり馴染《なじ》みません。上司が自分のボーナスを決めることは往々にあるので、それなりに敬意を払いますが、出世の階段をのぼるために気を遣うことは決して一般的ではないのです。

私が日本の銀行のドイツ支社に勤務していたとき、パフォーマンスがあがらないドイツ人の部下に対して、「あなたは課長なのだから、もっと仕事をやってもらわないと困る！」と苦言を呈したところ、彼は「はあ？」とでも言いたそうな表情をしていました。役職に重きを置いていないので、どんなに感情に訴えかけても、課長としての使命に目覚めるということはないのです。

後から考えれば、この場合であれば、「あなたのアサインメントはこれとこれである。この点についてはまだ十分業務が果たされていないから、プロジェクトとして進行できていない。よって、この点をいつまでに、このように改善してもらいたい」と伝えるべきでした。

それはそれで指示を出すのが面倒という部分もありますが、感情論で説得するより、よほど効率的です。

多くの組織では、上は「現場の人間は動いてくれない」と不満を持ち、下は「上は現場の気持ちをわかっていない」と不信感を抱いています。それだと組織の風通しが悪くなり、意思の疎通ができません。

仕事をスムーズに進めて生産性を高めたいなら、組織の上下関係をできる限りフラットに近づけることも一考の価値があると思います。

「アサインメントの意識」を持っていますか

私がドイツで働いていた時のことです。

ある日、会社のポストに届いていた郵便物をオフィスまで持って上がって、「これ、届いていたよ」と秘書のデスクに置きました。私宛ての郵便物があったので、気を利かせてほかの郵便物もすべてオフィスに持って行ったのです。

秘書に「ありがとう」とにこやかにお礼を言ってもらえるのかと思いきや、彼女は怒りました。

「これは私の仕事であって、あなたの仕事ではないでしょう」

これが、ドイツ人が認識するアサインメントというものかと理解しました。秘書にとっては、郵便物を持ってきてみんなに配るという業務がアサインメントに含まれているので、それが自分のやるべき仕事になります。それを他の人が本人の断りもなくやってしまったら、越権行為になるのです。

私は慌てて、「ごめん、自分の郵便物があったから、ついでに持ってきたんだ」と釈明しようとしましたが、「ついでに」というニュアンスをドイツ語で表現するのが難しく、結局、平謝りするしかありませんでした。日本では間違いなく感謝される場面ですが、所変わればＮＧ行為になるのです。

ここで、私はドイツと日本の習慣の違いを伝えたいのではありません。

生産性を上げるためには、場合によって「明確にアサインメントが決まっていること」が重要ではないか、ということを言いたいわけです。

日本でも、郵便物を管理する担当部署はたいてい特定されています。しかし、担当部の誰それの業務とまでは明確に決まっていないこともあります。新人が担当するのかもしれませんが、新人の手が空いていないときは、他の人が代わりにするはずです。

日本ではこのように、「誰が行うのかが明確に決まっていない業務」が多くあります。コピー取りを新人がやることもあれば、上司が自分でやることもある。

そのように緩く決めているのはある意味では効率的ともいえるのですが、1つの作業をみんなで担当することで、結局1人あたりの仕事を増やすことになり、結果として全体効率のブレーキになってはいないでしょうか。

たとえば、仕事の遅い部下A君が担当している仕事が間に合わず、仕事が速いB君に「あいつの仕事を手伝ってやってくれ」と命じるケース。これは仕事を増やす典型です。「チームの仕事はみんなでカバーするのが当たり前」「Bにとってもスキルを磨くチャンスになる」と考えるのが、日本のチームでの仕事の進め方です。

しかし、A君がずっと仕事が遅いままで、誰かがその都度フォローしなければならないのなら、チームの生産性は上がりません。

A君には最初から力量に合わせた仕事量を任せるようにするか、時間がかかってもA君に最後までやらせるか、チームの人員を増やすか。こういった対策をとって、A君以外の部下の負担を増やさないほうが、全体のスピードを上げられるのです。

ドイツの会社での経験では、こういう場合は他の人が無条件で手を貸すことはあまりありません。

「冷たい」と感じるかもしれませんが、個人の責任とアサインメントがしっかりリンクしているからこそ、そのアサインメントをまっとうするのが個人に求められる責任である、という考え方が徹底されています。

日本でも、最近は若者が「それって、僕の仕事ですか？」と上司に聞いて叱られるというケースが増えているようですが、その若者の感覚のほうが正しい場面もあるのかもしれません。

「チームのため」「部下の経験を増やすため」などと正当化せず、上司は遅れが出ないように仕事を的確に割り振らなくてはなりません。もちろん、チーム全体で遅れが出たらリードをとって対応するのは上司です。

日本では、ドイツほどきっちりアサインメントを分けてしまったらギクシャクするかもしれませんが、１人あたりの分担を増やさないように心がけるだけで、生産性はかなり上がるのではないでしょうか。

アサインメントを決めることには、マネジメントの力量が問われるでしょう。しかし、一度しっかり決めれば、セクショナリズムなどにも陥ることなく、仕事を進めることができると思います。

思い切った「権限委譲」が必要なとき

メッツラー社のようなフラットな組織では、個々の社員のアサインメントがハッキリしているだけではなく、そのアサインメントをこなすために必要な権限が与えられています。これが生産性を上げるための大事な条件なのです。

日本ではおなじみの「上司に相談してみます」は、ドイツでの経験ではほとんど聞いたことがありません。もちろん大きな案件になると自分の一存では決められないことも出てきますが、任された決断を躊躇《ちゅうちょ》していては、顧客は言うまでもなく、同僚からの信頼も失います。

日本企業が海外企業と交渉するとき、担当者が即断即決できないために、ほかの外国企業に仕事を取られてしまうことがあるという問題点は、随分前から指摘されていました。さすがに、それでは負けっぱなしだと気づいた企業は、現場の担当者に権限を与えるようにしはじめているようですが、他の国に比べるとまだまだです。

大きな案件で権限を与えるのが難しいのなら、日常的な小さな案件で1人ひとりに権限を与えるところから始めたらいいのではないでしょうか。そうするだけでも、仕事のスピードが格段とアップするかもしれません。

メッツラー社では、私の仕事に関して、任された範囲では「いちいち上におうかがいを立てる」ようなことは一切ありませんでした。経費や対外決済、人事、総務、コンプライアンスなどについては、当然ながら独断を戒められていましたが、日常的な顧客対応などでは、相当な自由度が確保されていたのです。そして、その自由度が、モチベーションにつながっているのだと思います。

ドイツの会社に勤務して意思決定のスピードが速いと感じるのは、決めるべき人が明確で、決して集団決定が前提ではないからだと思います。

それぞれが自分の責任に照らして決断をためらわないから、意思決定が速いのです。

そして、決めて任せたからには、口出しはしない。たとえ「この顧客とは、この条件で契約を結んでほしくなかった」と思ったとしても、最初にそう指示を出していなかったのなら、部下の判断を尊重するしかありません。逆に、部下の決断を覆すようなことをしたら信頼関係が損なわれる可能性もあります。

日本なら、平気で「なんでこんな条件で契約を結んだんだ。今すぐ、条件を再交渉して来い」と部下の判断を覆すこともあるでしょう。そして、「なんで事前にもっと相談しなかったんだ！」となったりもするのです。

これでは上司も部下もいたずらに時間を費やすばかりです。

部下に権限を渡せないのは、何かあった時に上司が自分で責任を取るのが嫌なのか、部下をそこまで信頼していないかのいずれかでしょう。それなら、最初から「この金額で決めてほしい」と指示を出しておけばいいだけです。

権限をあやふやにしたまま部下に仕事を任せてしまうと、途中で何度も上司に確認したり、何度もやり直すことになったりして、結果として仕事のスピードを上げるのが難しくなります。

日本は集団決定をしたがります。

会議が多いのも、1人で決定するのを避けて、大勢で決めたいから。1人で責任を負いたくないという事情もあれば、1人で決めるのを周りが許さないという事情もあるでしょう。社長が1人で決めたら、「ワンマンだ」と批判されたりするのです。

しかし、そうやって大勢で決めようとすると、とんがっていた意見がどんどん丸くなっていくと、ある企業の経営者が語っていました。だからその経営者が社長に就任してすぐに実行したのは、「会議の人数を減らすこと」だったそうです。

意思決定の人数を減らすことは、意思決定のスピードを上げるための、最も有効な手段です。

会議の人数を減らそうとすれば、各部署から猛反発を食らうのは想像に難くないでしょう。それでも、自分たち以外のカルチャーを学び、1人ひとりが主体的に半歩ずつでも企業カルチャーを変えようとしたら、いずれそれが大きなうねりになって、必ずいい方向に向かって行くと思います。

悪い情報ほどオープンにする

私がメッツラー社に入ったとき、最初に上司から言われたのは、「あなたのパフォーマンスが全然あがらなかったとしても、それだけでクビになることは、まずない。ただし、アクシデントや、会社にとってダメージになるようなことが起こったとき、それをあなたが隠した場合は一発でアウトだ」ということでした。

ここで大事なのは、会社にとってダメージを与えるような失敗をしたらクビだ、ではないという点です。それを隠したらクビになるのです。

つまり、悪いニュースほど早く言いなさい、ということです。悪いニュースを隠したら企業の信用を傷つけてしまうのだと、最初に聞かされました。

日本では、ミスや過失は「あってはならないものだ」という考え方があまりに強いように思います。あってはならないものであるために、いざ起こってしまうと「隠したい」という気持ちにつながりかねません。もちろん、ノーミスは目指すべき方向であることに誰も異論はありません。ただ、ミスを不祥事とあまりにリンクさせる考え方は、副作用が大きいように思えてなりません。

私はドイツで仕事をするうちに、ミスは「あってはならないこと」ではなく、「起こり得ること」だと感じるようになりました。

だから、トラブルが起きたらすぐに対応できるようなシステムが、会社側には用意されています。

たとえば、投資額が規定の80％を超えてはならないのなら、70％を超えたところで、ウォーニング（警報）が鳴るという仕組みがあります。80％がボーダーラインであれば、70％を超えた瞬間にすぐ相談をして、協議ができる体制になっているのです。

それなら、「70％を超えてしまった。なんとか投資額を下げないと」などと悩み、1人で対処して傷口をさらに広げることもありません。こういう場合はみんなで解決策を考えるほうが、すぐに解決できるものです。

日本の場合は、ボーダーラインを決めたら、1ミリでも超えるとアウトというカルチャーなので、みんな隠そうとするのです。

ボーダーラインを超える前に対処できるような方法を考えておけば、最悪の事態を回避できますし、ダメージをコントロールできます。

リスクというのは、コントロールするもの。コントロールできないリスクを取ることが問題なのだと、私は改めて学びました。

悪い情報ほどオープンにできる環境の整え方は、皆さんも一考の余地があるのではないでしょうか。

部下に指示を出すときの工夫

ドイツ人は合目的的なコミュニケーションを望みます。

したがって、何かを命じると「なぜ、私がそれをしなければならないのか」「いつやらなければならないのか」「どのような目的があるのか」と質問攻めにされます。

「上がそう求めているから」「みんながやってきた仕事だから」といった理由では納得しません。

「その業務をすることで、うちの会社の利益が○%上がるから」といった明確な理由がないと、納得して行動しないのです。

それを何回か経験してから、私は指示を出すときに、どんなに急いでいても目的や効果、理由を丁寧に説明するよう努めました。そうすれば快く引き受けてもらえたのです。

これはチーム運営を円滑にするための基本ではないか、と思います。

日本では阿吽《あうん》の呼吸を求める傾向がまだ根強いので、「これ、やっといて」で済ませてしまうことも多いようです。

たとえば新入社員のコピー取りやお茶くみもそうです。

「新人ならするのが当たり前」ではなく、お客様にお茶を出すことがどれだけ大事なのかを説明し、それも業務の一環なのだと納得してもらえば、渋々従うのではなく、自分から能動的に取り組むのではないでしょうか。

目的や理由を説明すれば全体像が見え、自然と作業効率が上がります。「丁寧に説明する」ということは生産性に意外と影響するものではないでしょうか。

「人生の半分は整理整頓である」

ドイツには「人生の半分は整理整頓《せいとん》である」ということわざがあります。

その言葉通り、私のドイツ人同僚の多くはオフィスの机の上もキレイに整理しています。一般に整理整頓をしていれば探し物で時間を取られることはありません。これは、長期休暇をお互いが円滑に取るための、チーム内での情報共有という観点からも見逃せないポイントです。

メッツラー社では、共有すべき資料とそうでない資料を明確にして、共有すべき資料は仕組みをつくり、適時適切に共有されるようみんなが心がけていました。

情報はグループアドレスなどを使って、タイムリーに共有します。

たとえば、顧客の情報はデータ（クライアントノート）で共有していました。いつ、誰がどの顧客にコンタクトしたかという基本情報から、商談の内容、今後の対応方針に至るまでをクライアントノートにインプットし、メールで共有できるようになっていたのです。

私があるクライアントを訪問して、その日のレポートを書き込むと、グループアドレスに登録している人全員にレポートが届きます。それを見れば、私がどのクライアントとどのような商談をしたのかがわかります。興味を持った人は、関連する過去の資料も全部見ることができる仕組みになっていました。

このシステムがあれば、同じ顧客に営業をかけるようなことはありませんし、自分の抱えている案件と同じ業界で同じ規模の会社なら、どのような商談をすればいいのか、参考にできます。

関係者は営業担当に限りません。こうした情報が、普段は直接顧客と対面しないミドルオフィス、バックオフィスの同僚たちにも共有されることで、顧客に対してサービスを提供する一体感をつくることもできます。

さらに、担当者が次のアクションについても明記、提案することで、記録することだけに止《とど》まらず、次のステップが容易に展望できるように運用していく点も大切なポイントでしょう。

つまり、単に「クライアントのところへ行きました」と報告するだけではなく、今後のアクションについても記すのです。他の人への指示もここに書き込んでいきます。「Aさん、1週間後までにデータをまとめてください」「Bさん、次のミーティングまでに構想をまとめましょう」などのように、具体的に書き込みます。

こうすれば、いちいちミーティングを開いて情報共有をしなくても済みます。共有のデータに書き込むだけで、いくつもの作業を省略できるので、合理的なシステムです。おそらくこのシステムも、導入してから、より効率的な使い方をみんなで考えながらバージョンアップしていったのではないかと思います。

このような仕組みがあれば、休暇中や病気で休んだときに顧客からの問い合わせがあったとしても、代わりの人が対応できます。バックアップの体制を整えているからこそ、長期休暇も心置きなくとれるのです。

いつも机の上に資料が山積みになり、パソコンのデータもどこのフォルダに入れたか自分でもわからなくなったり、取り出すのに時間がかかるような人は、日本では少なくありません。そういう人が、本当に仕事ができるのかというと疑問です。目当ての資料を探すだけでムダに時間を費やしていたりします。

元トリンプ・インターナショナル・ジャパン社長の吉越浩一郎《よしこしこういちろう》氏は、人事評価以外の情報はすべて全社員で共有するようにしていたそうです。社長のスケジュールまで公開していたといいます。それだけでなく残業をゼロにする社内制度を徹底することで、トリンプを優良企業に成長させました。

いきなりそこまで実行するのは難しいかもしれませんが、チーム全体で情報共有する仕組みをつくるだけでも、格段と生産性はアップします。是非試してみてください。

「わかるまで聞き返す」をためらわない

10年近く前のことですが、私がメッツラー社に転職して数年たった頃、東京へ出張中の私のところへボスの秘書（彼女は私も担当してくれています）から電話が入りました。

彼女は、「メッツラー社の当主があなたと話したいと言っている。今つなぐから」と言いました。そのとき私はホテルで寛《くつろ》いでいたのですが、「当主からわざわざ電話とは一体何事だ？」と驚き、緊張度ＭＡＸで頭を無理やりドイツ語モードに切り替えてから、深呼吸をして電話に出ました。

電話の内容自体はそれほど深刻ではなく、たまたま私のボスが不在だったので、当主が日本のビジネスについて急いで確認したかったことを、私に聞いたというだけでした。

ただ、緊張と電話というハンデで、話の内容は６割程度しか理解できませんでした。相手は当主、日本の銀行で言うなら頭取です。本来であれば、数回聞き返さないと意思疎通を十分できない状況だったのですが、私には聞き返す勇気がありませんでした。

幸いにも無事に事は済んだのですが、後で秘書にその話をしたら、「スミタ、それはダメだ。相手が当主だろうが誰であろうが、あなたはそこで、『よく理解できません、今一度おっしゃっていただけますか？』『それはこういう意味ですか？』としっかり聞かなければならなかった」と言われました。確かにその通りで、安易に「Ja!（ドイツ語でYesの意味）」と言ってはならないと猛省した経験でした。

私は自分で言うのも何ですが、わりあい厚かましい人間で、言うべきと思えば、相手に構わず発言するタイプですが、そんな私でも、まだまだ未熟と猛省した次第です。

雲の上の存在のような相手に対して、「Bitte nochmal!」（I beg your pardon? もう一度お願いします！）などと繰り返し聞き返すことに対して、日本人の多くは抵抗を感じるのではないでしょうか。相手が不快に思うのではないか、ケンカを売っているように思われるのではないかと気をまわしてしまいます。

しかし、私の経験からいえば、ドイツでは99％迷惑だと思われません。2～3回聞き返したとしても、相手が逆に気を遣って、わかりやすく話してくれるようになることもあります。

ドイツに限らずですが移民国家であり、さまざまな言語を使う民族が住んでいるので、「わからないのは当たり前」と考えているからでしょう。

さらに言うなら、「言わなくてもわかるだろう」と考えるのは、国民のほぼすべてが一つの言葉を話す日本では一般的ですが、外国では「言わないとわからない」と考えるのが一般的です。だから議論をするなりして、お互いを理解しようとするのではないでしょうか。

チームで仕事をしているからこそ、わからないことはわかるまで聞くのは大事ですし、伝える側は相手にわかるように伝え方を考えなくてはなりません。わからないのに仕事を進めると、結局やり直しで二度手間・三度手間になります。わかるまで聞く、わかるまで教えるほうが、仕事のスピードは上がるのです。

チームでのコミュニケーションさえうまくとれていれば、仕事の９割はうまくいくのではないかと思います。

秘書は「戦友」

メッツラー社でひじょうに重要な役割を果たしているのがセクレタリー（秘書）です。セクレタリーはチームごとに１人配置されています。日本の典型企業に身を置いていた私からすると、これは新鮮でした。

セクレタリーの業務は幅広く、チームに所属している複数の社員のスケジュールや仕事の内容をすべて把握し、集中して管理しています。クライアントの情報や社内の情報、東京やその他の支社からの情報もすべて、セクレタリーのところに集まります。電話やＦＡ

X、郵便物などもセクレタリーの元へ届き、それから担当者に渡されるのです。

チームでミーティングの予定を入れたいときは、セクレタリーに話をしておけば、スケジュールを調整してもらえます。

社内であれば、個別に電話をかけて「この日、空いてる？」と直接担当者とやりとりをして日程を調整することもできますが、それでは対象者が複数の場合むしろ非効率になってしまいます。セクレタリーに任せておくほうが、調整もしやすいし効率がいいのです。かなり機密性の高い内容まで把握して管理するので、セクレタリーに隠せることはないと言えるぐらいです。

日本では秘書といえば、「役員のアシスタント」というニュアンスがありますが、メッツラー社では、セクレタリーはアシスタント以上の存在です。私には一番の戦友と言ってもいい存在でした。

多様な役割を担ってくれ、情報を集中させてマネジメントしてくれるセクレタリーのような人がいると、チームの生産性は格段に上がります。日本でもそのような役割を設けてみてはいかがでしょうか。

「金曜日の17時に会社で飲む」理由

個人主義であるドイツでも、チームワークを乱して自己主張をする人は嫌われます。それは日本と同じです。「私が」「私が」と前に出る人よりは、チームプレーをできる人のほうが信頼されます。

自己主張は大事ですが、自分の役割をわきまえて行動することによって仕事は回るので、そこは自分のアサインメントを自覚しなければなりません。スタンドプレーは評価されないのです。

ドイツでもチームプレーを大事にするので、チームのコミュニケーションが良好になるような取り組みをしています。

その例として、ドイツの会社ではオフサイトミーティングがよく行われます。

オフサイトミーティングとは、会社を離れた場所（off-site）で行われる会議のこと。社内で会議をしているより、生産性が上がると言われています。

メッツラー社では、マネジメントクラスの人たちは定期的に、たとえば数日オフィスを離れて、自然豊かな保養地へと出かけ、合宿形式のオフサイトミーティングを行っていました。

参加者は、昼間は缶詰になってミーティングをします。都会を離れ、静かで空気が新鮮な場所へ行くことで気分もリフレッシュします。新しいアイデアを練ったり、大事なことを決断するために環境を変えるのは有効なのです。

日本と違うのは、場合によってオフサイトミーティングに家族を連れて行くところ。家族用のプログラムで散策に出かけたりスポーツを楽しんだりして交流を深めることができます。

そして、夜はみんなでお酒を飲んだり食事をしたりして気分転換をし、親睦を深めるのです。もちろん会社の規模や形態によりますが、こういう「経営会議」も一考に値すると思いました。

仕事の後の飲み会は、日本ではよく見られる光景です。

ドイツでは、仕事の後の飲み会はほぼありませんが、社内で部署ごとに親睦を深める機会はありました。

たとえば金曜日の17時にワインを開けて、みんなで飲むようなちょっとした集まりはよく開いています。誰が参加してもいいのですが、誰彼ともなく集まって、1時間くらい談笑したらいつの間にか人数が減っています。最後に残った人で片づけて終わり。こういうときも「上司がいるのに自分だけ帰るわけにはいかない」などと考えず、みんなさっさと家族の待つ家に帰っていくのです。

日本のように仕事が終わってから飲み屋に移動して、2次会はカラオケに行き、終電まで騒ぐという飲みニケーションではなく、さっぱりしています。会社の人と飲みに行くのを避ける今の若い世代には、ドイツ式のほうが受け入れやすいかもしれませんね。

また、ドイツでは自分の誕生日にケーキを自分で焼いてきて、会社で配ることもよくある光景です。ケーキをキッチンに持ってきて、全員にメールで「ケーキあるよ〜、おいで〜」と送信するのです。みんなは思い思いの時間にやって来て、「おめでとう！」と口々に祝います。

ベタベタつきあうのではなく、かといって人と関わらないのでもなく、つかず離れずの距離感を取るのがドイツ人は上手なのかもしれません。

顧客との懇親

さらに、ドイツでは顧客とのコミュニケーションの取り方も日本とは違う面があると感じました。

ドイツ人は、休日を家族と過ごすのが基本です。だから、週末に取引先の人と接待ゴルフをするようなことは決して一般的ではありません。

メッツラー社では顧客を招いたパーティーをよく開きます。会社が主催してパーティーを開き、お客様に来ていただく機会を戦略的に設けていました。休日に行い、家族連れでお越しいただくこともあります。

パーティーはコンサートイベント（ガーラと言われる）だったり、顧客とコミュニケーションを取るためのちょっとした会や、セミナーとパーティーを組み合わせたものなど、さまざまでした。

そういう場を通してのコミュニケーションで、取引先の人との親交を深めるとともに、ソサエティも広がっていきます。

日本の場合は、このような顧客との懇親はあまり一般的ではないかもしれません。

日本の接待ゴルフの目的は、ゴルフをしながら、トップ同士、担当者同士で取引関係が円滑になるように会話をして、親密な関係をつくることです。ドイツでは、それがパーティーになっているだけ。家族ぐるみのつきあいにするところは日本とは違いますが、やっていることの本質は同じなのです。

私は日本式の社員旅行も決して悪くないと思います。休日の接待ゴルフも、今の日本に合った形にしていけば悪いことではありません。

ただ、あくまでも目的はチームワークをよくすることで生産性を上げること。社員にやらされ感が生じるようでは、生産性は向上しません。形骸《けいがい》化しないような方法を考えるべきです。

第5章　まず「休む」、その後に「仕事」がある
【生き方】

「休暇を取りやすくする」ための具体策

かなり前の話になりますが、大手予備校の男性講師が有給休暇を取ったところ、授業数を減らして減給するか、従わなければ契約を終了すると塾側に通告され、裁判を起こしたというニュースが報道されました。

確かに、塾の講師が休むと生徒は授業を受けられなくなるというデメリットはあります。男性講師はその点も配慮して事前に塾側と相談し、毎週木曜日を休むことにして、代わりの講師をお願いしたといいます。その男性講師は、有休がまったく取れない職場環境に一石を投じるためにあえて行動に踏み切って、25回の有休を取ったそうです。

しかし、塾側は20年以上勤めてきたこの講師に対して、授業数を減らす、もしくは契約を終了すると通告したのです。

有休を取る・取らないで争いが起きるとは、日本は働き方においては後進国なのかもしれません。

第3章で「日本は有給休暇取得率は世界的に見て最低水準」だと書きました。

エクスペディア・ジャパンの２０１９年の調査によると、日本は有給休暇が20日間あるのに、実際にはその半分の10日間しか消化していません。病欠の場合に有休を使うケースも多いので、実際には有休として10日間も堂々と休んだ人はほとんどいないのではないでしょうか。

一方、ドイツは30日間の有給休暇を１００％消化（同組織２０１８年の調査）しています。それでも欧州のなかで突出して休んでいるというわけではなく、フランス、スペインなども30日間すべてを取得しています。

ムダな仕事時間を減らし、生産性を上げるためには、まず、きちんと休暇を取ることがとても大事なことです。

そう考えるだけでなく、実際に行動を起こすためにはどうすればよいでしょうか。

たとえばドイツの職場では、１年分の大きなカレンダーがチームごとに張ってあり、各自が自分の休暇を赤や青のマグネットを使って示していました。これだと、誰がいつ休暇を取ろうとしているのかが一目瞭然《りょうぜん》です。もし重複しそうであれば、個別に相談して休暇を調整していました。

顧客訪問記録は直ちにデータベース化される一方、休暇表はデータではなく、アナログな方法を使っているのは面白いなと思いました。

チームで休暇の予定を共有できるようになると、休みを取りやすくなります。これはすぐにでも実行できるのではないでしょうか。

それ以外に、次のような制度も有効だと考えています。

①記念日休暇

日本で最初にホワイトチョコレートを製造販売した北海道の六花亭製菓は、31年連続（2020年5月時点）で全従業員が有給休暇を100％取得しているといいます。

有給休暇とは別に、子どもの誕生日や結婚記念日などの記念日に休暇を取ってもいいというメモリアルデー休暇、本人の誕生日に休めるバースデー休暇も設けているとのこと。誕生日には祝い金を1万円支給されるので、チョコレートだけではなく、制度もホワイトな企業なのです。

とはいえ、工場は年中無休で稼働し、従業員は1300名以上いるので、有給休暇の取得率100%は、当初はなかなか根付かなかったようです。そこで、ムダな作業を見直し、ワークシェアリングをするなど、労働効率を高める方法を徹底的に考え抜きました。たとえば、ケーキを切る直前にナイフを温めるお湯の温度を少し高めに設定するだけで作業効率が格段と上がったのだとか。こういう小さな作業を見直すことで、ムダな時間を省けたのです。

さらに、1日だけ休暇を取ってもゆっくり休めないので、最低6日以上の長期休暇を取るよう義務付けました。そのうえで、長期休暇を取っても何もすることがない、という状況を防ぐために、社内旅行制度も設けたのです。6人でグループをつくって旅行を企画して申請すれば、1人当たり年間20万円の補助金を受けられるという制度で、正社員だけではなく、パート従業員も利用できるそうです。

六花亭製菓は長い時間をかけて、従業員が働きやすい環境をひたすらつくりあげてきたのです。長期休暇の制度を導入しても業績は下がっていないので、見習うべきところは大いにあると思います。

ほかにも、タカラトミーは自分や家族の誕生日、結婚記念日などに休めるアニバーサリー休暇を設けています。これも日本で導入しやすい方法ではないでしょうか。

②報酬に還元する

これは有休を消化したり、残業を減らしたりしたら、その分報酬に還元するという制度です。

実際に、住友商事グループのITサービス企業、SCSKは残業を減らした人に残業代を払うという制度を導入し、成功しています。

中井戸《なかいど》信英《のぶひで》元会長が社長に就任した当時、SCSKは長時間労働が当たり前で、会社の喫茶室のようなところで寝泊まりし、昼間は机に突っ伏して寝ているような社員ばかりだったと言います。

「メンタルの問題は労働環境とリンクする」と考えた中井戸氏は、まずオフィス環境を改善しようと2010年に社屋を移転し、1人あたりの作業スペースを1・5倍に増やしました。社内に食堂をつくり、診察所と薬局も設けて、マッサージを受けられるリラクゼーションルームを勤務時間にも利用できるようにしたそうです。

さらに、残業を半減しろと命じたのですが、なかなかうまくいきません。そこで、50時間の残業を20時間に短縮できたら、30時間の残業代は全部翌年のボーナスで還元するということにしたそうです。２０１５年以降は月々の給与に加算されるようになり、今でもこの取り組みは継続しています。

残業をなくせと言うだけでは、「そんなことをしたら仕事が回らなくなる」「残業代が減ったら生活が厳しくなる」という意識が働きます。残業が減っても残業代は支払うということにしたら、社員は真剣に働き方を改善するのです。

17時以降の会議は禁止、立ったまま会議をすることで時間を短縮、電話１分以内・議事録１枚以内・会議を１時間以内にする「１Ｂｅｓｔ運動」、会議の時間、人数、資料をそれぞれ半分にする「１／８会議」など、さまざまなアイデアが生まれ、２０１９年度は月平均18時間の残業になっているそうです。18時間とは、１日当たり50分ぐらい。ほぼ残業をしていないような感覚です。

中井戸氏は社員の家族に手紙を送り、有休20日間をすべて取得するよう、家族からもお願いしてほしいと頼んでいます。トップがそこまで本気で取り組んだので、改革はうまくいったのでしょう。

その結果、増収、増益、増配を実現できたので、トップが率先して社員を大切にする会社は、やはり強いと言えるのではないでしょうか。

スマホを置いて、散歩をしよう

皆さんは、「散歩」をしたことがありますか？

ウォーキングでもなく、移動のために歩くのでもなく、何の目的もなくブラブラ歩くのが散歩です。犬を連れて歩くのも犬を散歩させているのであり、自分の散歩とは違います。

今の日本で純粋な意味での散歩をしている人は、かなり少ないかもしれません。

第3章でご紹介した私の上司のヴィースホイ氏は、気持ちの切り替え方が上手でした。彼ぐらいのレベルになると夜に会合も多く、家に帰ってからも仕事をしています。「こんなに仕事をしていて、いつ休んでいるんだろうか？」と疑問に思い、ある日彼に尋ねてみました。すると、「気分転換のためにできる限り小1時間ほど森を散歩しているんだ」と教えてくれたのです。

忙しいと散歩のために1時間近くも費やしている暇がないと思うのが普通ですが、彼はどんなに多忙でも散歩の時間を捻出《ねんしゅつ》しようと努めているというのです。つまり、強制的にオフの時間をつくっているということでしょう。上手にストレスを発散させているからこそ、逆に多忙なスケジュールをこなせるのかもしれません。

ドイツ人は日本人から見ると異常なぐらいに散歩好きです。

平日も休日も、とにかく時間さえあれば散歩をする。老若男女、春夏秋冬、雨の日も風の日も雪の日も散歩をする人々をいたるところで見かけます。知人の家を訪ねたら、「それじゃあ、散歩に行こうか」と誘われたりもするのです。

若いカップルがデートで散歩するのも珍しくはありません。ドイツ人は自然を愛し、健康に気を配っているというのもあるのでしょうが、このように日常生活をリセットする時間があるから、生産性が高くなるのかもしれません。

ドイツのプロサッカーチームの中には、遠征試合の早朝、チームで集まって一緒に散歩をすることを習慣にしているチームが複数あります。チームが集うのは何もピッチの上、練習場、ロッカールームだけとは限らないのです。

いつもの仕事関係の場所とは違ったところで、メンバー同士がちょっとした時間を過ごすことは、気分転換とチームワークの強化を限られた時間で同時にできるという点でとても興味深いと思います。

仕事をしているとどうしてもトラブルやミスは起きます。仕事を離れていても、そのトラブルにどう対処するか悶々《もんもん》と悩んでしまいがちですが、一流の人はビジネス、スポーツを問わず、何事においても気持ちの切り替えが上手《うま》いのでしょう。

仕事から離れて自然を散策していたら、気分をリフレッシュでき、スッキリした頭になります。そうすればトラブルとも冷静に向き合えるので、スムーズに解決できたりするのです。

トレーニングや健康法としてではなく、スマホも携帯も持たず、音楽も聞かずにぶらぶら歩く時間を楽しむのも時としては良いのではないでしょうか。その何もしない時間こそが、何かを生み出す第一歩だと私は確信しています。

ドイツ人は「frische Luft（新鮮な空気）」という言葉が大好きで、頻繁に使います。散歩に行くのも新鮮な空気を吸うためですし、真冬でも家の窓を開け放って新鮮な空気を入れます。

米ローレンス・バークレー国立研究所とニューヨーク州立大学の研究によると、二酸化炭素濃度が2500ppmに達すると仕事の効率が著しく低下するそうです。二酸化炭素の濃度を600ppm、1000ppm、2500ppmの3段階に調節した部屋で2時間半過ごし、意思決定能力テストを受けさせたところ、２５００ｐｐｍの部屋にいた人はひじょうに低いスコアになったといいます（「Elevated Indoor Carbon Dioxide Impairs Decision-Making Performance」2012.10.17）。

仕事中に襲われる睡魔の原因は、部屋の二酸化炭素の濃度が上がっていることかもしれません。外の空気を吸うと頭がシャキッとするのは気のせいではないようです。

メッツラー社では、仕事で行き詰まって厳しい決断をしなければならないとき、オフィスを出て散歩に出かける同僚もいました。近くの公園に行ってリフレッシュしたり、教会に行って沈思黙考していたのです。

ドイツ人はそういう気持ちの切り替え方が上手でしたし、まわりも「仕事中にどこに行くんだ」と見とがめないような環境なのです。

日本ではオフィスで突然立ち上がって肩を回したりしたら眉《まゆ》をひそめられるかもしれませんが、多忙なときやストレスがたまったときは新鮮な空気を吸うと、効率的に仕事を進められるのではないでしょうか。

「家族ファースト」を実現するために

欧米の映画やドラマでは、オフィスの机に家族の写真が飾ってあるのがお約束です。ドイツ人もご多分に洩《も》れず、みんなの机の上には家族の写真を入れた写真立てが複数置いてありました。「家族ファースト」は、外国では常識のように思えます。

今までの章でも書いたように、ドイツ人は家族と過ごす時間を何よりも大事にします。そのため、金曜の午後にはなるべくアポを入れないようにします。金曜日の14～15時あたりから家路を急ぐ車で道路は混み始めます。そこまでして家族との時間を優先させているのです。

それは、みんなが「家庭」という国の城主だという意識があるからでしょう。

日本でも、2017年の2月からプレミアムフライデーが始まりました。これは働き方改革というよりは、個人消費を喚起するのが目的です。ところが、スタートした2月のプレミアムフライデーで15時までに帰ったのは、アンケートに回答した従業員全体の約4％にすぎないという結果でした。いまでもキャンペーンは継続しています（経済産業省の告知ページより）が、根付くどころの話ではなく、多くのビジネスパーソンが「プレミアムフライデー、何それ」の状態のままでしょう。

ドイツでは、人間としての当然の気持ちによって自然と「家族」が優先されていることを実感します。

家族は社会の最小単位と言われていますが、家庭がうまくいっているから仕事に打ち込める環境をつくれます。したがって、仕事の生産性を上げるために家族との時間を持てるようにするのは、実は重要課題なのだと改めて実感しています。

家族関係がうまくいくと仕事で生産性を上げられるので、企業は元気になる。さらに企業が元気になると日本経済が上向きになって、国力が強くなる。社会の根っこから改革するのが、実は国力を一番強くする方法なのかもしれません。

そうは言っても、「仕事ファースト」な日本のカルチャーはなかなか変えられません。まずは、上司も自ら率先して定時で上がったり、有給休暇を率先して取ることが肝要です。上司や経営者が自分から改革しないと職場の環境は変わらないのです。

働く環境もDIYで

今ではドイツ人のキレイ好きは日本でも有名ですが、私が初めてドイツに行った頃はそんな情報はなかったので、本当に驚きました。

とにかく、どこの家もまるでモデルルームかのようにピカピカに磨き上げている。窓ガラスは一点の曇りがないぐらいに磨かれているし、油汚れですぐベタベタになるキッチンでさえ、新築かのように汚れがありません。物があふれているということもなく、会社と同じように整理整頓《せいとん》してあります。これだけ整理してあったら、「ハサミはどこに置いた？」などと探し回ることもなさそうです。

日本人も収納が好きで、１００円ショップのグッズを使った小技を披露する達人もいます。一方ドイツは小技というより、大技なのです。

ドイツ人は自分の家の中を見られても困らないのか、家にカーテンはあるのですが、ほとんど閉めることなく、外から家の中が丸見えです。

そのうえ、街の景観を住民全体で守る意識が強いため、洗濯物を外では干せません。これはドイツに限らず、欧米では当たり前です。部屋干しも一般的ではないので、洗濯した後は乾燥機にかけて、乾いたらすぐに畳んでしまいます。

ちなみに、ドイツの水は硬水なので洗剤が溶けづらく、洗濯機は水温を選択できるようになっています。20～90℃まであるので、どの洗濯物を何℃で洗ったらいいのか、最初の頃は困りました。

とにかくドイツ人は家をキレイに保つことに命を懸けているので、ホームセンターのような掃除用具専門店があるぐらいです。今では日本にも浸透している窓掃除のスクレーパーも、ドイツの家庭には昔からありました。

家のちょっとした不具合も自分で修理してしまいます。台所のコンロや洗面台を自分たちで好みのものに取り換えるのもよくある話です。

少しでも汚れたらすぐに掃除をして、汚れをためない。

使い勝手が悪いところがあったら、使いやすいように変える。

こういう感覚も、仕事の生産性に結び付いているのかもしれませんね。

メッツラー社で驚いたのは、オフィスの各部屋のレイアウトをその気になれば数時間であっという間に変えられるところです。

たとえば組織改編で新しい体制になったときに、「このチームはこの場所に集まろう」とスペースを変えるところから始めます。単に机を移動するのではなく、壁や柱を外して、部屋の大きさを変えてしまうのです。建物内部がこのように柔軟な構造になっていることは新鮮な感覚でした。

でも、大げさにいえば、これこそが、この会社が複数の世紀にわたって健全に生き残り、発展している要諦なのではないかとも感じました。つまり、ゆるがせにしない会社の土台（建物）は強固に堅固に守る一方で、時代に合わせて柔軟に変化すべきもの（内部のレイアウト）は躊躇《ちゅうちょ》なく迅速に改変していく姿勢です。

日本でも、トヨタが工場で実践している「ムダとり」では、工具の置く場所を変えただけで生産性が上がったといいます。職場の環境を使いやすいように変えるのも、働きやすい場をつくる方法の一つなのではないでしょうか。

「お先にどうぞ」という余裕を持つ

主に都会においてのことかもしれませんが、こんにち日本人はどこか心の余裕が少なくなっているような気がしてなりません。

ドイツではスーパーマーケットのレジに長蛇の列ができていても他のレジを開けないとご紹介しましたが、横入りに対してはかなり寛容というのが私の印象です。たった２つか３つの商品だけを持って並んでいると、それに気づいた前の人たちが、「自分は買い物が多いので、先にどうぞ！」と譲ってくれたこともあります。

自分から、「急いでいるので、買うものが少ないから先に行かせてください」と頼むと、高い確率で譲ってもらえることもあります。日本だったら、「自分たちも急いでいるのに長時間並んでいるんだ」と拒否されるかもしれません。

車を運転しているときも、たとえば二車線の高速道路が工事や事故で途中から一車線に規制されている場合、日本では車線が規制されるポイントの随分前から一車線に合流し一列を作ります。それに気づかずに規制されるポイントまで車線に入らなかった人は、なかなか入れてもらえません。

「気づかなかったほうが悪い」「横入りなんてとんでもない」という考えなのでしょう。

ドイツでは、こういう場合もはみだしている車を普通に入れてあげます。混んでいる列に途中から入っても、後ろの車からクレームは来ません。

ドイツ人は待つのに慣れているのかもしれませんが、譲り合う心の余裕は是非自分も持ちたいと思いました。

ドイツ人は愛想笑いをしないので、スーパーでもレストランでも、無表情のまま接客をされます。ドイツで暮らし始めたばかりのころは、「怒っているのかな?」と思っていたのですが、それがドイツではスタンダードなのだと気づきました。

日本のにこやかで丁寧な接客に慣れている者としては、ドイツの接客は残念に感じます。ただ、だからといってドイツ人は冷たいというわけではありません。

私が住んでいたフランクフルトは、人口は約73万人で、ドイツの中ではベルリン、ハンブルク、ミュンヘン、ケルンに次ぐ5番目の都市ですが、規模としては熊本市とほぼ同じです。駅などではベビーカーや大きな荷物を持った人には、すぐに声をかけて助けるし、誰でも気軽に挨拶《あいさつ》をするなど、街全体にフレンドリーな雰囲気がありました。

２０１１年の7月、なでしこジャパンが女子ワールドカップで優勝し、東日本大震災で大打撃を受けていた日本に感動と勇気を与えました。その時の開催国はドイツだったので、私も決勝戦を観にスタジアムに行っていました。

フランクフルトで行われた決勝戦の相手はアメリカで、強豪国のアメリカが勝つという予想が圧倒的でした。スタジアムの観客も9割近くはアメリカの応援です。超マイノリティの状態で、私たちを含めて、ドイツ在住の日本人は日本を懸命に応援しました。

なでしこジャパンが優勝を決めた時、それまでアメリカを応援していた周りの人たちが一斉に「日本、おめでとう！　素晴らしかった！」と私たちに握手を求めてきたのです。私たちは日本の国旗を掲げて応援していたのですが、「その国旗と一緒に写真を撮らせてほしい」というサポーターもいました。

それだけでも大感激だったのですが、実はさらに嬉《うれ》しいサプライズが待っていました。その日の夜遅くに自宅に戻ると、玄関のドアに何かが貼ってありました。

見ると、隣のドイツ人が日の丸の絵とともに、「日本、優勝おめでとう」と書いてくれていました。これには涙を流さんばかりに感激しました。

実は、そのときまで隣家は、無愛想というわけでは決してないのですが、普段の挨拶以上のコミュニケーションを互いに積極的にとるような関係ではありませんでした。こちらも、より親密になるきっかけをあえて探すでもなくという状況でした。そんな一家が祝福をしてくれたのです。翌朝、お礼を伝えに行ってからは、何かにつけて、より打ち解けて話すようになりました。

この経験から、ドイツ人に限らず世界の人々は、相手の実力を素直に認めるのだと、改めて実感しました。

ドイツは移民の国だからかもしれませんが、互いの違いを認め合い、尊重する文化を持っていることは素晴らしいと改めて実感すると共に、世界の舞台で勝利することが、いかに意義のあるものかということも併せて心に刻んだ貴重な経験でした。

心の余裕を取り戻せば、世の中の閉塞《へいそく》感はなくなり、さらに生きやすくなるのではないでしょうか。バブルが崩壊するまでの日本は世の中全体がもっとラフで、もっと寛容であったように思うのは私の単なる懐古による美化でしょうか。

多様な働き方を受け入れよう

国連の「持続可能な開発ソリューション・ネットワーク（ＳＤＳＮ）」の調査による「世界幸福度ランキング２０２０」では、ドイツは17位、日本は62位でした。日本はＧ７の中では最下位です。日本は、「寛容さ」（設問は「１ヶ月以内に寄付をしたか」）と「主観満足度」（設問は「人生評価において楽しいか、辛《つら》いか」）の項目でスコアが悪かったようです。

ドイツも日本も同じ先進国なのに、なぜここまで差が出るのでしょう。

自分は何をしたいのか、どうすれば幸せになれるのか。

子ども時代、学生時代からそういったことを考える機会、習慣を身につけていくことが大切なのではと改めて考えます。

就活では同じようなリクルートスーツを着て、面接官が好感を持ちそうな想定問答を準備しておく。社会人になってからは、最初は空気を読めない言動をとっていても、周りに一斉に叩《たた》かれて「出ない杭《くい》」になっていく。

心に余裕をもって、自分がどう生きるべきかを考えることは容易ではない環境かもしれませんが、少しでもこうした点について考える機会、時間をもつことができれば、決してムダではないように思います。

私は20代に日本の会社の語学研修生として初めてドイツに渡り、色々なカルチャーショックを受けました。

ホストファミリーの家に滞在していたのですが、その家の2階では娘さんと彼氏が同居していたのです。両親は普通に受け入れて、みんなで一緒に食卓を囲んでいました。日本なら同棲自体が色眼鏡で見られていた時代ですし、しかも実家で一緒に暮らすなどあり得ない話です。あまりの自由度の高さに眩暈《めまい》がする思いでした。それぐらい、「人は人、自分は自分」という生き方が確立されているのです。

どんな仕事であっても笑って生きられれば、本当は幸せなはずです。

「人は人、自分は自分」という意識を少しずつでも持てるようになれば、人との違いを円滑に受け入れることが一歩一歩できるようになるのではないでしょうか。

私もドイツに赴任したばかりのころは、「人は人、自分は自分」という考えを持っていませんでした。日本の銀行でドイツ人の部下を雇っていたときは、「仕事がまだ残っているのに、なんでサッサと帰ってしまうんだ！」と信じられない思いで見ていました。それが、メッツラー社に移って、改めてドイツ人の働き方を目の当たりにするうちに、「ドイツ人の生産性の高さは参考にすべきところがある」と目が覚めたのです。それから「人は人、自分は自分」なのだと、周りのドイツ人を受け入れられるようになりました。

北欧のIT先進国のエストニアで生まれた、「Jobbatical」という人材マッチングサービスがありますが、このサービスが対象にしているのは Global Trotter、世界を旅する人たちです。

たとえば、ドイツのベンチャー企業がこれからスタートするプロジェクトで1年間働いてくれるエンジニアが欲しいと募集をかけたら、世界のどこの国に住んでいる人であっても応募できるという仕組みなのです。

週休2日、1日8時間労働という働き方が一般的ではなくなる時代がやがてくるかもしれません。

ますます多様化が進み、さまざまな働き方が生まれていく時代、1人ひとりが自分の幸福を獲得するために、組織でも個人でも働き方を根底から見直す時期にきているように思います。

会社にしがみつかない生き方にシフトする

ドイツで人気があった男性シンガーのウド・ユルゲンスは、「Mit 66 Jahren」という曲で「66歳から人生は始まる」といった内容を歌っています。

ちなみに、ウド・ユルゲンスの「別れの朝」という曲は、日本でも70年代にペドロ&カプリシャスというグループがカバーし、大ヒットしています。

ドイツでは会社にもよりますが、一般に60から65歳が定年の目途ですが、実際には定年ギリギリまで働く人はあまりいません。定年になる前に自分で次の生き方を見つけて、自ら旅立っていくのです。

趣味に生きる人もいれば、ボランティアに打ち込む人もいる。別の会社に移って働く人もいれば、自分で事業を始める人もいる。年金制度が日本よりは充実しているからか、みな余裕を持って第2、第3の人生を歩んでいます。

現在、日本では団塊の世代が定年を過ぎ、団塊ジュニアの世代が50歳目前というところ。

平均寿命が延びた昨今、「定年してからの短くない人生をいかに過ごすか」は大きなテーマとなっています。

今まで社会に敷かれたレールに乗って走ってきたので、いきなり日々の生活（ルーティーン）がガラッと変わる中、生き甲斐《がい》を探しあぐねているという方も多いのかもしれません。

自分がやりたいことを見つけ、早めに準備を始めることができれば、楽しい人生を送れるのではないでしょうか。

日本も最近は転職が当たり前になりましたが、35歳以上の転職となると難しいという話を聞きます。

本来であれば、意欲ときっかけがあれば幅広い年齢層に転職のチャンスがあるはず。

私がメッツラー社に転職したのは45歳でした。ドイツの学校を出ていませんし、ネイティブのドイツ語を話せるわけでもありません。３３０年以上（当時）続くメッツラー社本社で、日本人の社員は初めてでした。

仕事には年齢も性別も関係なく、その人が今まで何をやってきたのか、何ができるのかが重要なはずです。プログラマーなどの職種は若い世代のほうがいいかもしれませんが、多くの仕事は年齢も上下関係も本来は関係ないのではないでしょうか。

日本で今後、少子高齢化がますます進んでいくのは避けられない事実です。高齢者の定義を65歳から70歳に引き上げようという議論もあります。70歳までの就業機会の確保を各企業の努力義務とする法改正も進んでいます。

そうなったとき、「70歳まで働かないといけないのか」とため息をつくのではなく、もっと自分の人生を能動的に楽しむことを考えると、自立した人生を送れます。

日本でも、明日からできる仕事術

ここまで「労働時間を短くし、生産性を向上させる」ことに関して、私のドイツでの経験をご紹介してきました。

読者の皆様、多少は参考になりましたでしょうか。本章の最後に、明日からでもすぐに実践できそうなことを改めてご紹介します。

（1）1対1でランチを共にする

忙しくて、牛丼店やコンビニで買ってきた弁当でランチを済ませるビジネスパーソンも多いかもしれません。生産性を高めるために、他部署の人と1対1でランチミーティングをするのをオススメします。

2対1や3対1になると、どちらかの立場が強くなって本音で話せなくなるので、コミュニケーションがとれるようになるまでは、1対1がベストです。外食しても、社員食堂でも構いません。色々な部署から1人ずつ参加するようなランチミーティングでもいいと思います。

他部署と交流を持ったほうがいいのは、情報交換をできるだけではなく、自分と違う価値観を知るチャンスになるからです。いつも同じ部署の人としかつきあわないでいると、同調圧力が強くなる傾向があります。自分たちの考えがすべてではないのだと知るために、外の空気に積極的に触れる機会は貴重です。

（2）会議の「目的」を明確にする

会議をたとえば「情報交換の会議」「決定するための会議」のように分け、合目的的な運営を改めて心がけてみるのはいかがでしょうか。

部下の立場だと、そこまでできないかもしれません。その場合は、もしダラダラ続く会議をしているのなら、「今日の会議の議題はこれですよね」と途中で確認して、仕切り直しを試みていいかもしれません。話が横道にそれたのだとしても、「今日のテーマのコスト削減に話を戻しますが」のように、自分で誘導できます。

会議が長引くのは、目的が定まっていないのと、時間が区切られていないのが主な原因です。会議が1時間と予定されているのなら、「今日はこの後商談があるので、終わらなくても1時間で抜けます」と宣言すれば、たいていはその時間内に終わらせようとするはずです。

もちろん、何も発言しないで座っているだけではまったく生産していないのと同じなので、自分からどんどん発言するとその時間は有益に使えます。

(3)「今日決めて、明日作業する」感覚

仕事をするうえで、「これを今、絶対やらなくてはならないのかどうか」を常に考えることは大切です。明日やればいいことは、今日やらない。むしろ、あえてやらない選択をしてみてください。

目の前に「今できる仕事」があると、今日やっておかないと気が済まないという人もいると思います。しかし、明日で済むものは、明日やるようにする。

「今できるか」ではなく、「今やるべきか」という判断を行うのです。

そうした決断が遅くなってしまうと、途端に仕事は渋滞してしまうでしょう。だからこそ、「決断は今する、作業は明日に延ばす」という感覚を持つのです。「今日決めて、明日作業する」をログセにしてみてもいいかもしれません。

（4）毎日、「3つだけやるリスト」をつくる

最初は、うまく「先延ばし」することが難しいかもしれません。

そんなときは、毎朝、今日絶対にやらなければいけない仕事を3つだけ決めてみるのはいかがでしょうか。

その3つ以外の仕事は今日やらなくてもいいのだと考えて、終わったら定時で帰るのです。「今日絶対クリアすべきこと」が明確になっていれば、それさえクリアしていれば帰りやすくなります。

先延ばししたらその分、翌日以降が大変になると思うかもしれませんが、翌日は翌日でまた、3つになるように、頑張って絞り込んでください。頑張ってこなすのではなく、頑張って絞り込むのです。そうして翌々日以降も続けていってみてください。

この「3つだけやるリスト」は、即断即決の習慣を身につけるためにも役立ちます。

今日やろうと決めたことは、先延ばしせずにすぐに行動に移す。たとえば企画書を書いて上司に提案するところまでをセットにしておくのです。そうすれば決めてから行動するまでのスピードが速くなります。

ただ、例外的に翌日までアイデアを寝かせたほうがいい場合もあります。

即断即決する作業と熟考する作業を分けられると、効率よく仕事を回せるようになります。

（5）オフサイトミーティング

第4章でご紹介したオフサイトミーティングは、自分1人でできることではありませんが、自分の部署あるいはチームで提案してみてください。

合宿形式ではなくても、会社ではない場所でミーティングをするだけで解放感が生まれて、議論が活発になる効果があります。会議の間は電話対応など日常の業務から離れて集中できます。

ホテルの一室やカフェの個室を借りてもいいですし、日帰り温泉とセットにしてリフレッシュする時間をつくってもいいかもしれません。みんながリラックスできる場を選べば、普段は意見を言えない人でも議論に参加しやすくなります。新たなチームの連帯感が生まれるかもしれません。

（６）変化をつくる

毎日、会社と家の往復だけでは変化がなく、頭は固くなる一方です。そうなると新しいアイデアも思い浮かびませんし、同調圧力に屈しやすくなります。それどころか、自分が同調圧力を強いる側になるかもしれません。

柔軟性を保つには、何らかの刺激が必要です。

朝はなかなか余裕がありませんが、帰りは最寄駅から自宅までのルートをいつもと違う道、今まで通ったことのない道に変えてみるだけで何かしら発見があるものです。いつもの立飲み屋ではなく、隣の駅の居酒屋に行くのも、変化の一つ。そういう場で自分とは違う世代の人と交流を持つのも、変化になります。
そのように変化をつくると、ビジネスヒントも思い浮かびやすくなるかもしれません。

(7)自分の時間をつくる

どんなに多忙な日でも、少しでも良いから必ず自分の時間をつくる習慣を身につけたいものです。

たとえば、電車に乗っているときはスマホをオフにして、仕事から離れる時間をつくる。電車の中で、近年注目されているマインドフルネスの瞑想《めいそう》法を実践してみてもいいかもしれません。

家庭がある方は、家に帰ったら一切スマホを見ず、パソコンにも触らずに家族との時間を楽しめたら理想的です。夜の数時間で対応できることなど限られているので、今日どうしてもやらなくてはならない仕事などないのだと腹をくくれるようになれば、メリハリのついた生活を送れるようになります。

眠る前に10分間瞑想する、30分だけ読書をする、いつもシャワーを浴びて済ませているのをゆっくり湯船につかるなど、何でもいいので、社会と自分との接点を強制的にオフにする時間をつくると、ストレスがたまりにくくなるのではないでしょうか。

ドイツ人のように散歩をするのもいいですし、何か習い事を始めるのも自分の時間を持つためにはいい方法です。

10分でもいいので、しばし「仕事ファースト」から離れて、自分の時間をつくるところからスタートしてみてはいかがでしょうか。

第6章　リモートワークでも「日×独」式の働き方を

リモート会議を円滑に進める基本

コロナ禍にあって多くの人が自分には関係ないと思っていたリモートワークが、突然「待ったなし」の優先対応事項になりました。

今までのリアルでの対話・会話が画面越しに変わるだけなのかと思いきや、実際に導入してみると、様々な「想定外」のことに直面したのではないでしょうか。

たとえばビデオ・ミーティングをしているときに、発言が重なってお互いに聞き取れず、話し出すタイミングを失ったり、画面が突然停止（フリーズ）してしまったり……。

何より、自分の発言や意見が、どの程度伝わっているのかがわかりにくい。相手は理解してくれたのか？　異論・反論を持っているのだろうか？　もうひと押しすべきか？　それとも一度引くべきか？　といった、リアルだと表情から読み取れることもリモートだと読み取れなかったりします。

リモートでのコミュニケーションにまつわる苦心や工夫は洋の東西を問わないと思いますが、ドイツでの状況とも比較しながら、課題と対応を改めて考えてみましょう。

まず、「上司を画面の上部に固定する方法から」……という日本的な冗談はさておき、オンライン会議における以下のような問題は「あるある」なのではないでしょうか。

1、相手の表情が読めない。場の雰囲気・空気が読みにくい
2、会話が重なる。つまり、話し始めるタイミングが早過ぎると、相手の話が終わっておらず会話と会話が重なって、互いに聞き取れなくなる
3、オンライン会議後に急に確認したい事項を思い出して、「しまった」となる

まず、相手の表情が読みにくい問題。ここは自分のほうから、ややオーバーリアクション気味に反応してみることは必要ではないでしょうか。表情を読ませないことが大人の対応と言われたりもしますが、オンラインの場合、特に肯定的なサインは積極的に表情に出したほうが、双方向の意思疎通がスムーズに進むと思います。

最近ではＡＩを利用して参加者の表情をデフォルメしてわかりやすくしようとする試みも見受けられます。こうした新しい仕組みも面白いところですが、やはりまずは自分から

積極的に表情を作って相手に伝えようとする姿勢が、オンラインではとりわけ大切に思えます。

相対《あいたい》のミーティングでも、複数参加のミーティングでも、相手の話を最後まで聞くということは大切ですよね。特にオンラインだと場が沈黙することを懸念するあまり、間髪容《い》れずに会話をつなごうとしていませんか。

ドイツで仕事をしている時は、まず相手の話を最後までしっかり聞くということが半ばマナーとされていたので、ドイツ人の友人にこの話をしたら、その点は当然のように心がけているとの答えでした。加えて、「相手が話し終えてから2秒くらい間を置くようにしている」「人数が多い会議で発言する際には、挙手マークを示して司会者の指名を待つ」といったことにも配慮しているようで、一考に値するかもしれません。

ドイツ人に限らずですが、特にオンラインの場合、質問されたら、まず聞かれていることへの回答を最初に話すようにしたいです。婉曲《えんきょく》表現を用いたり、別の事由から説き起こして回答しようとすると会話が見えづらくなり、参加者が発言内容を「捕捉《ほそく》」し難くなります。

まして、「質問を質問で返す」と往々にして協議の方向が不透明になりやすく、時間の浪費につながることが少なくありません。

その上で、何が大切かと言えば、やはり司会者の差配です。

会社で会議を行う場合、取締役会や役員会などの公式な場合には司会者が指名されます。一方、部門会議や課内会議といった内輪の会合の場合、まず上位職階者が話を始めるなりして、その後は、議論というより報告のような形が多くありませんか。

リアルの会議であれば、根回しがあらかじめ行き渡って半ば儀式化していて、司会者が腕を発揮する余地はあまりないのかもしれません。

しかし、リモートの場合、リアルに比べてぶっつけ本番的な場合が多いのではないでしょうか。となれば、参加者があとで「確認し忘れた！」とならずに、限られた時間で会議の生産性を上げるには、司会の人ができる限り多様な発言を促しながら、議論の方向が会議の目的に照らして迷子にならないように力を尽くす必要があります。

いずれにせよ、特に日本では会議を建設的に導くためには、やはり司会の役割を重視すべきです。発言において上下関係など様々な忖度《そんたく》をしてしまう日本において、発言を多様化し議論を深めるためにも、司会の役割は小さくないのです。

コロナ禍における「リモート・コミュニケーション」

ここで、リモートワークの技術的な面から離れ、より心の面に焦点を当てます。

リモートワークになったことで一番戸惑っている人と言えば、新たにチームに加わったメンバーです。学校でいえば新入生、会社であれば新入社員（中途入社の場合も同様ですね）ではないでしょうか。

新たに入社が決まっても実際に出社がない状況では、入社の実感に乏しいなかでモチベーションをどう保つのか？　同僚の顔も名前もわからない。入社同期といっても、誰が一体同期なのか？

日本の場合、若い世代の就職、というよりは就社という形が多いだけに、職場での人間関係、一体感が重視されます（ジョブ型採用という言葉もだんだん人口に膾炙《かいしゃ》してきていますが、広く浸透するにはまだまだ時間がかかるでしょう）。

新しい人材を受け入れる側は、既に社内のメンバーも熟知していますし、仕事の進め方もお馴染《なじ》みです。どのような時に誰とコンタクトすれば良いかもわかっています。そのため、リアルがリモートになっただけというと、やや言い過ぎかもしれませんが、心理的なストレスはそれほど重大なものではないかもしれません。しかし、これが新入社員、特に若い世代で初めての就職であったら、その心理的なストレスはどれほど大きいものか想像を超えます。

実際、コロナ禍にあって新入社員の離職率が高くなったという情報もありますし、私の周囲でも実例が散見されます。「望まない・予期せぬ孤独」であり、しかも「何カ月にもわたる長期間の孤独」であることが影響しているのでしょう。

リモートという新しい状況において、新たなコミュニケーションの工夫によって尽力すべきは、受け入れる側、つまり仕事上の上司であり、先輩です。受け入れる側にきめ細かなコミュニケーションが求められているのです。

難しい会話は必要ありません。「元気？　どんな気分転換している？」「仕事で詰まっているところ、悩んでいるところを是非教えて？」などなど。

積極的に対応している企業は少なくありませんし、リモートワークに関わる経費として特別にお金を支給したりする企業の話もよく聞きます。ただ、特に若い世代に対しては、お金も重要ですが、やはりこまめなコミュニケーション上のケアがとても大切になります。

もちろん、こうしたコミュニケーションの必要性は、リモートだからという特別なものではありません。普段からの気軽な声のかけ合い、特に上司から部下への声かけは大切です。仕事の話だけではなく、何気ない声かけでも構いません。そういった一見仕事に関係しないような内容・タイミングでの会話の重要性を、このコロナ禍で改めて認識させられているのではないでしょうか。

こうしたケアについては、どちらかといえば個人の自発的な行動を期待するものですが、会社全体の方針として取り組んでいる例もあります。

ある会社（ドイツの大手会社）では週1回、「映像カフェ休息」という時間を1時間ほど設けて、みんなでざっくばらんに雑談をしているそうです。これは勤務時間内に行うのですが、皆さんカメラもオンにして、ワイワイと談笑しています。参加はあくまで任意ですが、多くの同僚が参加しているようです。

やはり雑談は人間関係の潤滑油、いわばハンドルの「あそび」です。その効用はコロナ禍で改めて見直されているのではないでしょうか。今はトークだけのＳＮＳも広まっていますよね。声だけでも十分雑談の効用は発揮できますので、チャレンジしてみてもいいと思います。

また、私がかつて勤務していたドイツの会社では、社員にスマホを支給して電話の活用にも備えています。

リアルであれば会議の前後で個別にコンタクトして、「ちょっと今話せますか？」などと、会議での議論を補足したり、ある意味では根回しもできたりしました。オンラインとなると、こうした補足的なコミュニケーションが難しくなります。なので、前時代的な対応に思えるかもしれませんが、電話を多用することで補っているのです。

実際、これはかなり効果を発揮しているようです。

そうした取り組みをした上で、コロナ禍以前においては週１回であったミーティングをオンラインでは週３回にしたり、部下との個別オンライン面談を毎週設けたりと、頻度も内容も踏み込んで対応しています。

リモートワークのコミュニケーションの工夫について色々と書きましたが、一番の難関は、やはり「新規のコミュニケーション」ではないでしょうか。

リモートで新規に信頼関係を築くのは至難の業という声をたくさん聞きます。たとえば新規顧客の開拓などはオンラインでは容易ではないと思います。

この場合はいきなりドアをノックするのではなく、リアル以上に相手についての情報を収集した上で、入念な準備が必要です。いずれにしても、リモートでの「新しい関係構築」については、まだまだ試行錯誤の段階ではないでしょうか。

在宅で「時間」をどう使うか

リモートワークにおける「時間の使い方」は、業種、業態、与えられたアサインメントによってまったく異なりますが、ドイツにおいては「私生活とのバランスを取りながら、折り合いをつけている」ということでは共通していると思います。

私生活との絡め方は人それぞれですが、大切な点は、「各自が、求められているアウトプットを目指している」ということです。

世の中にはリモートワークを導入するにあたって「勤務実態の確認を目的とした勤怠管

理ソフト」も色々とありますが、ドイツではそもそもリモートワークとはいっても、個人のプライバシー保護との兼ね合いから、こうした管理は容易に一般化しません。それ以前に、良くも悪くも生き方が自立していて、また個々のアサインメントが明確であることが多いので、勢いアウトプットの評価も明確です。

知人のドイツ人は、仕事中に物事を考えたり、書類、書物を読んだりする場合にはリビングのソファにゆったりと腰かけながら時間を過ごしているそうです。

さすがにリモート会議の画面に子どもが出てくるのはいけませんが、自宅で仕事中に子どもが寄って来ても邪険にはしません。私が勤めていた会社は、産休明けしばらくして小さな幼児を連れ、オフィスで同僚に紹介している方は珍しくありませんでした（70ページ参照）。周囲もとても温かく迎えていて、その瞬間、職場が和やかな雰囲気になったことを思い出します。

結果さえ見せれば、何をしてもお構いなしということでは決してありませんが、こと時間の使い方については、アサインメントとのバランスで各自が自立した対応をしている印象です。

「チームワークの在り方」を進化させる

コロナ禍は仕事上のチームワークの在り方を見直す機会にもなりました。

リアルな意思疎通が大幅に制限される中で、チームワークを発揮し、その先にある高い生産性を達成するには？　皆さんはどのように工夫していますか。

コロナ時代、リモートワーク下でのチームワークの在り方として重要な点は、次のようなものでしょうか。

1、目標の達成（Output）に対する評価がより重視される
2、個人個人のアサインメントをより明確にしておく必要がある
3、個人間で情報量に格差が生じないように工夫する
4、急な病欠などにも速やかに対応できるよう人員のバックアップ体制を構築する
5、上司からの指示はより個別具体的かつ個人特定的に与える必要がある

従来、日本の多くの企業では、売上やコストなどの定量評価に加えて、定性評価、つまり短期的に数字には表れないものの、中長期的にはチームの実績に資すると思われる貢献や尽力も評価してきました。

リモートワークになれば、定性の部分を評価することがとても難しくなり、勢い定量的な実績により注目が集まります。

日本企業の場合、いきなり評価方式、評価体系を構造的に変更することは、容易ではないような気がします。そうであれば、定量評価と定性評価のバランスをどのようにすると良いでしょうか？

実績を評価するためには、当然ながら個々のアサインメントをより明確化する必要もあります。その上で、バックアップ体制もあらかじめかなり細かく作っておくことも大切です。リアルならば火急の状況（急な病欠など）でも、ある程度、阿吽《あうん》の呼吸で柔軟かつ機動的に対応できますが、リモートの世界ではそうもいきません。

加えて、これも強調しておきたいのですが、チームメンバー間の情報格差をできるだけ平準化することは特に大切です。

職階や職責に応じた情報の偏在はある程度やむを得ないとしても、たとえば正規社員と非正規社員がチームにあって、実質的には同じ業務を行っている場合などに、正規社員に情報が偏ってしまうことのないよう留意が必要です。情報格差はモチベーションを低下させる要因として代表的なものです。是非気をつけて臨みたいものです。

生産性の高い働き方は何もドイツだけではありませんが、ドイツでの体験や現在の在独知人からヒアリングする限り、この5つの重要な点の大半は、すでにコロナの前から定着しています。コロナ禍において変わったことをあえて言えば、上司からの指示がより丁寧に細かくなったことくらいでしょうか。

リモートワークをせざるを得ない状況は、見方を変えれば、日本の企業にとっては大きな変革のチャンスでもあります。

個々のアサインメントの精緻《せいち》化から始めて、それを評価方法、制度についての見直しだけではなく、業務内容の見直しにまでつなげていくことが可能です。たとえば、クラウドサービスをより駆使することで情報の共有を効率化し、業務のスリム化を試すのはいかがでしょうか。アサインメントの精緻化とソフトの活用は、業務の生産性を一気に向上させる好機になるかもしれません。

その上で、日本企業がもともと持っている強みをより発揮することができるかもしれません。

実は先日、ドイツの知人から「一つ、日本のビジネス習慣を見直した」という話を聞きました。それはなんと、メールの「CC（写し）」の習慣です。

前述しましたが、ドイツで働くと、「電子メールのやりとりで日本人は関係者と目される人物をやたらとCCに入れる」とよくドイツ人から言われます。ドイツではコミュニケーションがあくまで相対《あいたい》主軸なので、CCをつける場面は限定的で、実際CCの相手にはメールがあまり読まれません。日本は日本なりの事情があるとは言え、私もCCに多くの名前が並ぶのもどうかな……と思っていた経緯があります。

ところが、リモートになると、チームワークをより綿密なものにするためにも、念のためCCを入れてやりとりすることの必要性を感じているようなのです。

こうしたことからも、日本とドイツの双方のビジネス習慣をハイブリッドで組み合わせることができれば、コロナ禍を奇貨として生産性を飛躍的に伸ばすことが可能になるのでは、と改めて感じています。

「いまの状況を、豊かな未来につなげられるか」

ドイツ人は今回のコロナ禍における長期間にわたるリモートワーク（部分的なリモートワークを含めて）についてどのように評価しているのでしょうか。

ビットコムリサーチという会社が2020年10月から11月にかけて16歳以上の会社員1503人に電話で調査（bitkom「Mehr als 10 Millionen arbeiten ausschließlich im Homeoffice」）した結果があります。

それによると、コロナパンデミック以前は「もっぱら在宅勤務」をしていたのは3％に過ぎず、「部分的な在宅勤務」（15％）を合わせても18％に過ぎません。

それがコロナ禍の現在は各々25％、20％で、合計すると45％になり、ほぼ半数の人がリモートワークで仕事をしている状況が窺《うかが》えます。

ドイツの雇用者数は約4500万人（2019年／ドイツ連邦統計庁発表）ですから、もしこの25％をそのまま母集団に適用すると優に1000万人以上になり、乱暴なたとえですが、東京23区の人口以上の人数が「もっぱら在宅勤務」をしている計算になります。

ドイツのリモートワーク実態・意識調査

在宅勤務に関するアンケート調査（ドイツ　ビットコムリサーチ調べ）

	Before COVID-19	Under COVID-19	After COVID-19（予測）
もっぱら在宅勤務	3%	25%	8%
部分的な在宅勤務	15%	20%	27%
合計	18%	45%	35%

出典：bitkom “Mehr als 10 Millionen arbeiten ausschließlich im Homeoffice”

ではコロナ後はどうなるでしょうか。

同社の予測によれば、引き続き8％が「もっぱら在宅勤務」を選択し、「部分的な在宅勤務」に至っては27％が選択すると見込んでいます。ちなみに、回答者の74％が「在宅勤務は今後さらに普及するだろう」と肯定的に捉《とら》えています。交通量の減少から気候変動に対しても一定の効果があるという見方があるようです。

「リモートワークで生産性が上がったのか？」という問いについては、23％が「顕著に高くなった」、34％が「ある程度高くなった」との回答があり、6割近くが生産性の向上を認識しています。

ただ、「これを義務とすべきか」という問いには意見が分かれます。あくまでコロナ禍においてということでも義務化に前向きな回答は半数に止《とど》まっています。

同調査では、在宅勤務のメリット及びデメリットについても問いかけがあり、メリットとしては、約80％が「通勤のストレスがない」「通勤時間を削減できる」ことを挙げています。

興味深いのは、「同僚に煩わされることがない」というメリットも3割近くが挙げていることですね。他方でデメリットとして「同僚とのコンタクトが少ない」が55％を占めていますので、要は、好ましく思っていない同僚とのコンタクトからは解放されたが、好ましい同僚との接触も制限されていて悩ましい、ということでしょうか……。

いずれにしても、ドイツにおいては、働く側が工夫するばかりでなく、国としても在宅勤務を様々な形で支援しています。

また、子どもの保育所や幼稚園がロックダウンで閉鎖となったことによって自宅で子どもの面倒を見なくてはならなくなった場合に、一定の条件のもとで有給休暇を特別に付与するなどの施策も採られています。

とはいえ、課題は山積です。「自宅勤務中の事故は労災が適用されるのか？」「経費についてはどこまでが会社の負担義務なのか」など、枚挙に暇《いとま》がありません。

それでも、環境面や生産性向上という観点からも、時代の流れから考えても、コロナパンデミックが収束したあとも、在宅勤務を含めた「新しい働き方」はコロナ前よりは格段に定着しているでしょう。


翻って、日本の場合はどうでしょうか。

2021年の1月に日本生産性本部がインターネットを利用して個人1100人に聞き取り調査（「第4回 働く人の意識調査」）をしたところでは、テレワークの実施は2割程度でした。ドイツの計数との比較は一概には難しいですが、日本でのテレワークはあまり進捗していないように見受けます。

もちろん、これには相応の理由はあります。

「そもそも業務内容がテレワークに適さない」「会社への帰属意識が強い（メンバーシップ型雇用）」「対面によるコミュニケーションにこそ信頼の源泉があるという考え方」などなど。確かにそれぞれ、それなりに説得力のある理由ですし、業種、業態によってテレワークが馴染《なじ》まない会社が多くあるのも事実です。

とはいえ、今後人口が大幅に減少するなか、日本では生産性向上がいつにも増して不可欠となります。

20年前と今日を比べたら、時代は様変わりしていますが総人口に大きな変化はありません。しかし、今日から20年後は間違いなく人口は目立って減少します（国立社会保障・人口問題研究所によれば２０４０年総人口は1億１０００万人を下回る可能性）。

生産性向上には、労働投入量を効率化するだけでなく、効率化によって生じた余力でどれだけ付加価値を向上できるかという視点も必要です。

そのためにも、今回待ったなしで直面したリモートワークを、実りある将来へ向けた「働き方の転機」としたいものです。

おわりに――生産性が「自然と上がる」考え方

ドイツの人口は8300万人余り（2019年）です。これは人口だけで言えば「遠くない未来の日本」の姿と重なります。

日本の人口は約1億2600万人ですが、国立社会保障・人口問題研究所によると、2065年には8808万人に減少するとのこと（2017年4月発表）。日本の少子高齢化への対応は待ったなしの状態です。

ただ、対応を考える前に、別に考えるべきことがあるように思います。

それは、大げさに言えば「個人の幸福」についてです。

戦後の経済復興の時代、先進国に追いつけ追い越せの昭和の時代においては、社会の発展・成功が個人の幸福とかなりリンクしていました。しかし、世紀も変わった今日、かつてのように社会の成功が個人の幸福とリンクしていると言えるでしょうか。

いまは、個人個人が「独自の幸せを考える時代」であるとも思えます。

人口減少に直面する日本、働き方改革が叫ばれている日本、21世紀の日本においては、1人ひとりが自分の生き方を見つめ直し、自立を考えることによって、将来の幸せを探れるのではないでしょうか。

働き方を見直すことは、今までの生き方を見つめ直し、自分なりの幸せを見つけるためのチャンスということもできます。自分の人生の中心は、自分自身です。会社に縛られるのではなく、自分らしい生き方を模索するための改革ということです。

むしろ、生産性向上というものは根をつめて働くことで実現するものではなく、逆に働く人たちに余裕ができて、自分の時間をつくった結果、自然と上がっていくものではないか。私はそのように感じています。

その意味で、やはりドイツは一つの参考になると思います。

何もドイツが日本に比べて数段すぐれた先進の技術をもっているわけではありません。ドイツ人が日本人の考えもしない能力を発揮しているわけでもありません。

私たちも、受け身ではなく、自分で考え、自分で選択することで、6週間の休暇を謳歌《おうか》し、家族団らんの夕食をとり、同調圧力から解放され、他人と比べない自分の幸せを獲得できると信じています。

日本人が同調圧力から解放され、自由度が増せば、自然と創意工夫も行えるはずです。そもそも日本人は礼儀正しいし、気配りする思いやりもある。かゆいところに手が届くようなサービスはやはり素晴らしいと思います。

ドイツ人による日本人の印象も、一言で言うと「規律正しい」。時間は正確だし、おつりをごまかさないので信用がおけるし、清潔で親切である。それが日本人に対する評価で、おそらくドイツ以外のどこの国からも、そういった評価になるでしょう。私たち日本人は、もっと自信を持っていいのだと思います。

少子高齢化に向かう日本にとって、テクノロジーの発展、強制的な残業時間の抑制などは決して十分な回答にはなりません。

仕事の生産性を上げることは、少人数で国を支えるためにも必要になります。今から生産性を高めておけば、人口が予想以上に急激に減っていったとしても、対応できるかもしれません。

1人ひとりの生産性が上がったら、時間にゆとりが生まれ、日本人はもっと幸せになれます。そのために、ほんの少し行動や思考を変えるところから始めてみてもよいのではないでしょうか。

本書は、小社より二〇一七年に刊行された『仕事の「生産性」はドイツ人に学べ』に加筆・改筆し、改題したものです。

本書内で言及する人物の肩書き・年齢は執筆時点のものです。

隅田　貫（すみた・かん）
メッツラー・アセットマネジメント シニアアドバイザー。日独産業協会特別顧問。1959年、京都生まれ。82年、慶應義塾大学経済学部を卒業後、MUFG（旧東京銀行）に入行。3回（計10年以上）にわたるドイツ・フランクフルト勤務を経て、2005年よりドイツ地場老舗プライベートバンクであるメッツラー・グループ（Metzler Asset Management、1674年創業）フランクフルト本社で日系機関投資家を対象とした投資顧問業務を担当。本社唯一の日本人として日独企業風土の本質及びその違いを見る目を養う。20年にわたるドイツ勤務経験を活かし、日独産業協会（ＮＰＯ）特別顧問として日独経済人の架け橋として尽力。

ドイツではそんなに働《はたら》かない

隅田《すみた》　貫《かん》

2021 年 5 月 10 日　初版発行
2024 年 6 月 5 日　4 版発行

◆◇◇

発行者　山下直久
発　行　株式会社KADOKAWA
〒 102-8177　東京都千代田区富士見 2-13-3
電話　0570-002-301（ナビダイヤル）

装 丁 者　緒方修一（ラーフイン・ワークショップ）
ロゴデザイン　good design company
オビデザイン　Zapp!　白金正之
印 刷 所　株式会社KADOKAWA
製 本 所　株式会社KADOKAWA

角川新書

ISBN978-4-04-082410-9 C0236

KADOKAWAの新書 好評既刊

災害不調
医師が見つけた最速の改善策

工藤孝文

地震や感染症など、自然災害が相次いでいる。医師である著者は、災害が起きるたびに、強い不安やめまい、不眠などの苦しさを訴える人が増えることに気づき、「災害不調」と名付けた。不調の発生の仕組みと解消法を提示する。

檻の中の裁判官
なぜ正義を全うできないのか

瀬木比呂志

政府と電力会社に追随した根拠なき「原発再稼働容認」、カルロス・ゴーン事件で改めて露見した世界的に特異な「人質司法」、参加者の人権をないがしろにした「裁判員裁判」。閉ざされた司法の世界にメスを入れ、改善への道を示す！

真実をつかむ
調べて聞いて書く技術

相澤冬樹

著者は記者として、森友学園問題など、権力の裏側を暴いてきたが、失敗も人一倍多かったという。取材先から信頼を得るには何が必要なのか？　苦い経験も赤裸々に明かしつつ、その取材手法を全開示する、渾身の体験的ジャーナリズム論！

AIの雑談力

東中竜一郎

私たちはすでに人工知能と雑談している。タスクをこなすだけでなく、AIに個性を宿らせ、人間の感情を理解できるようにしたメカニズムとは。マツコロイドの対話機能開発、プロジェクト「ロボットは東大に入れるか」の研究者が舞台裏から最前線を明かす。

第三帝国
ある独裁の歴史

ウルリヒ・ヘルベルト
小野寺拓也 訳

ドイツ国民懐柔のために東欧は生贄にされた！　ヒトラーは第二次世界大戦の最中に拡張した領土を、国民をいかに統合・支配したのか？　ナチズム研究の第一人者の手による、世界最高水準にして最新研究に基づく入門書、待望の邦訳。